|| जय साहेब की ||

	श्री लक्कड़ दास जी महाराज	
	श्री खींवादास जी महाराज	
	श्री बंशीदास जी महाराज	

अखिल भारतीय सांगलिया पीठ की अनुपम कृति

बदलाव

चरित्र से लेकर चेतना तक

ओमदास

Title : Badlaav- Charitra se lekar chetna tak
Author : Om Das
Co-author : Mukesh Ranwa

For suggestions and feedback-
sangliyadhooni1008@gmail.com
7689900189

Published By-
Anjuman Prakashan
942, Mutthiganj, Prayagraj, 211003
www.anjumanpublication.com
anjumanprakashan@gmail.com

Price in india: 250/-

Printed and bound in India.
First published by Anjuman Prakashan in 2024
Copyright © 2024
Cover & Typeset by Anjuman Prakashan

ISBN : 978-81-19562-04-6

The author asserts the moral right to be identified as the author of this work

अनुक्रम

खण्ड 1
परिचय

खण्ड 2
आलेख

अखिल भारतीय सांगलिया पीठ

एक परिचय

अखिल भारतीय सांगलिया पीठ राजस्थान के सीकर जिले में सीकर-जोधपुर मार्ग पर सीकर जिला मुख्यालय से 35 किलोमीटर दूर सांगलिया गाँव में स्थित एक आश्रम है जो आज से करीब 500 साल पहले बाबा लक्कड़ दास जी महाराज द्वारा स्थापित धूनी है। सिद्ध पुरुष के रूप में बाबा लक्कड़ दास जी महाराज ने तात्कालिक समाज का आध्यात्मिक मार्गदर्शन किया जिसे लोगों ने चमत्कार के रूप में महसूस किया।

वर्तमान में आश्रम में जिस जगह मूल धूनी बनी हुई है उसे लकड़ेश मंगलेश का बंगला कहते हैं जहाँ शुरूआती 5 संतों की समाधियाँ अवस्थित हैं। इसी धूनी के पास प्राचीन शिव मंदिर है धूनी के संत शैव और शाक्त उपासक हैं। इसके पश्चिम में शिक्षा को समर्पित संत स्वामी लादूदास जी महाराज, संत शिरोमणि बाबा खींवादास जी महाराज, स्वामी भगत दास जी महाराज, स्वामी बंशीदास जी महाराज सहित दर्जन भर संतों की पावन समाधियाँ अवस्थित हैं।

पास ही के चौक में पीठ की गद्दी अवस्थित है जहाँ स्वामी ओमदास जी महाराज आमजन से रूबरू होते हैं तथा प्रतिमाह अमावस्या व पूर्णिमा के दिन भजन-कीर्तन, प्रवचन द्वारा सर्वंगी सम्प्रदाय की विचारधारा को पोषण देते हैं।

पश्चिम दिशा में दैनिक लंगर और सुविधाओं के लिए स्थान है जहाँ धूनी के सेवक स्वयं-सेवक के रूप में सेवा देते हैं।

वर्तमान में स्वामी ओमदास जी महाराज के सानिध्य में बड़ा सत्संग भवन और सेवकों की बढ़ती संख्या को देखते हुए आश्रम को विस्तार दिया जा रहा है आगामी 5-7 सालों में सर्वंगी सम्प्रदाय की यह पीठ भव्य और दिव्य परिसर के साथ आकार लेगी।

आश्रम के अधीन संचालित बाबा लक्कड़ दास गौशाला मुख्य आश्रम के पास ही अवस्थित है जहाँ कई सैकड़ों गौवंश रह रहे हैं। गाँव में ही आयुर्वेद औषधालय, जो संतों के प्रयास से खुलवाया गया था चिकित्सा संबंधी आवश्यकताओं को पूरा कर रहा है।

अखिल भारतीय सांगलिया पीठ की धूरी सदैव शिक्षा ही रही है ऐसे में पीठ द्वारा दर्जनों विद्यालय खुलवाये गये साथ ही पीठ के द्वारा ग्रामीण अंचल का 5000 से अधिक क्षमता वाला बाबा खींवादास स्नातकोत्तर महाविद्यालय संचालित है जो इस आश्रम का मुख्य आभूषण है। यह महाविद्यालय उच्च प्रतिमानों के साथ सेवानिवृत्त शिक्षाविदों और प्रशासनिक अधिकारियों द्वारा संचालित है। स्वयं स्वामी ओमदास जी महाराज इस महाविद्यालय की व्यवस्थाओं को संभाल रहे हैं।

वैसे बताने को बहुत कुछ है लेकिन प्रत्यक्ष अनुभव से जो आपको महसूस होगा वही बेहतर होगा लिहाजा अमावस्या और पूर्णिमा तथा संतों की बरसी वाले लक्खी मेले में कभी आइएगा।

॥ जय साहेब की॥

     बदलाव- चरित्र से लेकर चेतना तक

संत परिचय

लक्कड़दास जी महाराज

लोक किंवदन्तियों व जनश्रुतियों के अनुसार सर्वप्रथम सांगलिया ग्राम में बाबा लक्कड़दास जी ने ही आज से लगभग 500 वर्षों पूर्व इस स्थान पर अपना आसन लगाया था। बाबा लक्कड़ दास जी महाराज फतेहपुर के सिकलीगर परिवार में पैदा हुए थे।

महाराज ने बाल्यकाल से ही घर छोड़ दिया व जगह-जगह साधुओं की संगत करते हुए पंजाब राज्य के अबोहर नामक स्थान पर पहुँचे। वहाँ पर कोई साधु 12 वर्ष तक मौन धारण कर पलक लगाये बैठे थे। महाराज ने उनको देखा तो वहीं खड़े हो गये। महाराज समाधीस्थ (योग) थे व सामने धूणा जग रहा था। महाराज ने अपनी आँखें खोली तो लक्कड़ स्वामी ने कहा, महाराज मुझे कुछ देवो।

साधु ने उनकी ओर देखा और धूनी में से अग्नि उठाकर बाबाजी को दे दी तो बाबा ने अपनी चादर में अपनी शक्ति के द्वारा ऐसे बाँध ली जैसे कोई प्रसाद लेता है। वहाँ से चलकर सीधे सांगलिया में

आये व धूनी माता की स्थापना की जो आज तक लगातार ज्योति जग रही है।

बाबा लक्कड़दास जी से लोग डरते थे क्योंकि ये अघोरी थे। कुछ भी खाने-पीने से परहेज नहीं होता था। मगर दुःख-दर्द वाले को दूर से ही कहकर ठीक कर देते थे।

लक्कड़ दास जी महाराज के 7 शिष्य थे जो अलग-अलग स्थानों पर जाकर जन-जन की सेवा करते रहे।

॥ जय साहेब की॥

बदलाव- चरित्र से लेकर चेतना तक

संत परिचय

श्री लादूदास जी महाराज

अखिल भारतीय सांगलिया पीठ के वचन सिद्ध संत श्री लादूदास जी महाराज जो कि हर्ष पर्वत की पहाड़ियों की तलहटी में बसे छोटे से गाँव कुंडल की ढाणी में जन्मे। आप बाल्यावस्था से ही अखिल भारतीय सांगलिया पीठ से जुड़े थे लिहाजा आप धूनी की परम्परा और विचारधारा की बेजोड़ मिसाल थे। आप अपनी साधना और तप के बलबूते वचन सिद्ध संत साबित हुए।

आपने आजादी के पहले शिक्षा के क्षेत्र में वो काम किया जिसकी मिसालें आज भी गाँव देहात की चौपाल पर 80-85 बसंत पार कर चुके लोगों से सुनी और महसूस की जा सकती है। आपने सीकर जिले के दर्जनों गाँवों में पाठशालाओं की स्थापना करवाने का अभूतपूर्व कार्य किया साथ ही सामुदायिक संगठनों का गठन करवा कर उनके सफल संचालन की जो परंपरा शुरू की उसी का परिणाम रहा कि आपके बाद आये सभी साधुओं ने उस परम्परा का

बखूबी निर्वहन किया।

आपका मानना रहा कि सामाजिक ताने-बाने में बड़ा सुधार शिक्षा के जरिए ही संभव है उसको धरातलीय स्वरुप देने में जो तत्परता दिखाई उसी का बड़ा महत्त्व आज भी दृषिटगत होता है।

आपने शिक्षा के साथ-साथ औषधालयों की स्थापना में भी उल्लेखनीय कार्य किया जो आपकी उच्च सूचिता को रेखांकित करता है।

॥ जय साहेब की॥

संत परिचय

संत शिरोमणि खींवादास जी महाराज

राजस्थान में नागौर जिले वर्तमान डीडवाना कुचामन जिले के लाडनू उपखंड क्षेत्र के बिठूड़ा गाँव में जन्मे बालक खींव को उनके सर्वंगी सम्प्रदाय को मानने वाले माता-पिता ने अखिल भारतीय सांगलिया पीठ को भेंट कर दिया था। संत सानिध्य में जो अद्वितीय परवरिश हुई उसकी झलक उनमें जीवन पर्यन्त दिखाई दी और उनके बाद धूनी की परम्परा में जो बदलाव आया उससे सम्पूर्ण सर्वंगी सम्प्रदाय गौरवान्वित महसूस कर रहा है आपने शिक्षा को बढ़ावा देने, सामाजिक कुरीतियों के निवारण और सामाजिक सुधार के आलोक में भजनों से लेकर प्रवचनों से जो साधुवर्ती निभाई उससे तात्कालिक समाज आलोकित रहा।

धार्मिक पाखंड, ढोंग और अंधविश्वास को लेकर आपकी स्पष्टता ने लोगों में सामाजिक सुधार को लेकर साहस भरने में अद्भुत ऊर्जा प्रदान की।

आपने शिक्षा के लिये अद्वितीय प्रयास किये, बाबा खींवादास स्नातकोत्तर महाविद्यालय आपकी ही देन है आपकी आध्यात्मिक चेतना से जनसेवा के लिए किये गये कार्यों के लिए 1998 में तात्कालिक राष्ट्रपति के. आर. नारायणन द्वारा अम्बेडकर राष्ट्रीय पुरस्कार से सम्मानित किया गया। वर्ष 2001 में आप ब्रह्मलीन हो गये।

॥ जय साहेब की॥

संत परिचय

श्री भगतदास जी महाराज

सीकर जिले वर्तमान नीमकाथाना जिले के पास पंचलंगी ग्राम में जन्मे भगतदास जी महाराज बाल्यकाल से ही साधु सेवा में आनंदित रहते थे महज 14 वर्ष की उम्र में ही आप गृह त्याग कर सांगलिया धूनी आ गये।

आपको पशुओं से भी बहुत ज्यादा लगाव था, जिसके कारण हमेशा गायों की सेवा किया करते थे। साथ ही साथ आपको भजन गायन का भी बहुत शौक था। सेवा भावी भावना के कारण खींवादास जी महाराज ने धूनी माता पर आरती का पूरा जिम्मा आपको दिया।

बाबा खींवादास जी महाराज के समाधीस्थ होने के बाद वर्ष 2001 में आपको पीठाधीश्वर पद मिला। आपके सर्वंगी सम्प्रदाय की विचारधारा को समर्पित जीवन में गौशाला को विस्तार मिला। आप प्रकृति प्रेमी संत रहें। वर्ष 2004 में आप ब्रह्मलीन हो गये।

॥ जय साहेब की ॥

संत परिचय

स्वामी बंशीदास जी महाराज

सीकर जिले की आध्यात्मिक नगरी खाटू श्यामजी के निकटवर्ती ग्राम लांपुआ में जन्मे बंशीदास जी महाराज 18 वर्ष की आयु में खींवादास जी महाराज की सेवा में आ गये।

आपने धूनी में आने वाले सत्संग प्रेमियों, कलाकारों के साथ साथ जनसाधारण के प्रति विशेष अनुराग रखा लिहाजा आप लोगों के मन में घर कर गये। खींवादास जी महाराज के भजनों को लगातार जारी रखा और दीन दुखियों के प्रति सर्वस्व न्योछावर करने का भाव अंतर्मन में रखा। आपके चेहरे की आभा (तेज) अद्वितीय रही। वचन सिद्धि आपकी साधु वृत्ति का वो नायाब अध्याय रहा जिसकी कहानियाँ जनश्रुति में महसूस की जा सकती हैं।

आपने शिक्षा के लिये विशेष प्रयास किया, आपके द्वारा महाविद्यालय का सौंदर्यीकरण करवाया गया तथा सह-शैक्षणिक गतिविधियों को भी बढ़ावा दिया गया आपने महाविद्यालय को स्नातक से स्नातकोत्तर में क्रमोन्नत करवाया।।

।। जय साहेब की।।

            बदलाव- चरित्र से लेकर चेतना तक

संत परिचय

स्वामी ओमदास जी महाराज

अखिल भारतीय सांगलिया पीठ के वर्तमान पीठाधीश्वर संत स्वामी ओमदास जी का जन्म नागौर जिले वर्तमान डीडवाना कुचामन जिले के सीकर की सीमा पर सटे गाँव बरड़वा में हुआ। आपका परिवार सांगलिया पीठ के सर्वंगी सम्प्रदाय की विचारधारा के तले पला बढ़ा। स्वामी ओमदास जी बचपन से ही कुशाग्र बुद्धि रहे लिहाज़ा स्कूली शिक्षा के साथ-साथ आध्यात्म की दुनिया मे भी रुचि लेते रहे। बचपन में अपने परिजनों के साथ आश्रम जाते थे तो साधु संतों के प्रति विशेष अनुराग बना लेते थे और घरवालों से इस संदर्भ में बहुत बतियाते थे फिर जब स्कूली शिक्षा पूरी हुई तो बाबा खींवादास महाविद्यालय में ही दाखिला ले लिया अब उच्च शिक्षा के साथ-साथ आध्यात्मिक सानिध्य लेने लगे। स्वामी बंशीदास जी ने आधुनिक शिक्षा और सनातन संस्कृति के दोराहे पर खड़े इस युवा को अपने सानिध्य में आध्यात्मिक ज्ञान से इस बाबत कसा कि आपकी सेवा-भाव और आध्यात्मिक समझ के बलबूते स्वामी

बंशीदास जी महाराज के ब्रह्मलीन हो जाने के उपरांत संतों और सेवकों ने गद्दी सौंपी।

आपने 2017 से गद्दी पर बैठने के उपरांत सर्वंगी सम्प्रदाय की शिक्षा और आध्यात्मिक चेतना को लेकर अपनी मंशा को धीरे-धीरे जन-मन तक पहुँचाने की ठानी। आपने महाविद्यालय में विभिन्न संकाय खुलवाने से लेकर एन.सी.सी. तथा खेल के मैदान तैयार करवाये। गुणवत्तापूर्ण शिक्षा के चलते बढ़ी लोकप्रियता से महाविद्यालय में बढ़ी छात्र संख्या के चलते भवन विस्तार करवाया।

क्षेत्र में आयोजित सत्संगों से लेकर शिक्षा का हब बन चुके शेखावाटी अंचल के विभिन्न जिलों के शिक्षण संस्थानों में आपकी उपस्थिति ने तथा जनसाधारण के बीच आपकी सुलभ उपलब्धता से विगत 5-7 वर्षों में आश्रम में लोगों की संख्या बढ़ी। आपने सेवकों की बढ़ती संख्या और सत्संग के लिये समुचित विकल्प के लिए धूनी के भवन का विस्तार करने की सोची तो सेवकों ने इसे एक मुहिम के रूप में लिया। भवन विस्तार को लेकर निर्माण कार्य प्रगति पर है करीब 5-7 सालों में 10-15 हजार दर्शक क्षमता वाला सत्संग भवन बनकर तैयार हो जाएगा।

आप आध्यात्मिक चेतना को लेकर गहन विवेचन करते नजर आते हैं आप विश्व के श्रेष्ठ आध्यात्मिक गुरुओं से प्रत्यक्ष अप्रत्यक्ष रूप से जुड़कर सर्वंगी सम्प्रदाय को बेहतर अपडेट करने को लेकर कटिबद्ध नजर आते हैं।

॥ जय साहेब की॥

 बदलाव- चरित्र से लेकर चेतना तक

गुरु एक दर्पण है

अखिल भारतीय सांगलिया पीठ अध्यात्म का प्रमुख केन्द्र है जो कि सीकर जिला मुख्यालय से करीब 35 किलोमीटर दूरी पर सीकर–जोधपुर मार्ग पर स्थित है। सांगलिया पीठ आज से करीब 500 साल पहले स्थापित हुई जिसमें अलग-अलग काल खंडों में विभिन्न पीठाधीश्वरों के नेतृत्व में समाज का मार्गदर्शन किया। समाज शिक्षा व संस्कारों के जरिये बदलाव किया। समय की बदलती परिस्थितियों के अनुरूप बदलते सामाजिक ताने-बाने में सनातन संस्कृति को जीवंत रखने का प्रयास किया गया।

महाराज श्री लक्कड़ दास जी महाराज से लेकर वर्तमान पीठाधीश्वर श्री श्री 108 श्री ओमदास जी तक सभी संतों ने सामाजिक कुरीतियों पर जमकर प्रहार किया तथा पाखंडवाद के स्थान पर वैज्ञानिक दृष्टिकोण व आध्यात्मिक चिंतन के जरिये समाज को मार्गदर्शित किया व उक्त प्रक्रिया वर्तमान समय तक अनवरत जारी

है।

उक्त "बदलाव-चरित्र से लेकर चेतना तक..." शीर्षक वाली पुस्तक के जरिये सांगलिया पीठ के संतों की विचारधारा व वर्तमान पीठाधीश्वर ओमदास जी महाराज के विशिष्ट ध्यान क्षेत्र को दर्शाने का प्रयास किया जा रहा है।

सांगलिया पीठ के पीठाधीश्वर श्री श्री 108 श्री ओमदास जी महाराज के आशीर्वाद व आपकी प्रेरणा से आपके अमूल्य वचनों व वैचारिकी को कलमबद्ध किया गया है। साथ ही इस संदर्भ में विभिन्न संतों, धूनी में विश्वास रखते अनेकानेक लोगों के विचारों को भी उचित स्थान दिया है।

उक्त वचनों व वैचारिकी को श्रवण-मनन निधिध्यासन के जरिये अंत: करण में उतारकर जीवन को परमानंद की ओर ले जाने का प्रयास किया जाएगा। जीवन में संभव बदलाव के जरिये सम्पूर्ण चेतनामय व औचित्यपूर्ण मानव जीवन का निर्माण किया जा सकता है। इसका आधार/नींव रूपक यह पुस्तक होगी।

आध्यात्मिकता एक निश्चित समय में की जाने वाली यात्रा या प्रगति नहीं है, यह तो अनंत की यात्रा है। जो संत सानिध्य में आंतरिक बदलाव से संभव होगी।

मैं उस साहेब का सेवक हूँ जिन्हें अज्ञानी लोग मनुष्य मानते हैं।

॥ जय साहेब की ॥

– एक सेवक

अखिल भारतीय सांगलिया पीठ

१

मनुष्यता की यात्रा

मनुष्यता की यात्रा आदि मानव के रूप में जंगल में प्रकृति के सानिध्य में शुरु हुई जो सभ्यता और संस्कृति के विकास यानी अनेकानेक बदलावों के जरिये मानव तक पहुँची और महामानव तक जानी है यहाँ महामानव का तात्पर्य है बौद्धिक चेतना के उच्च प्रतिमानों के साथ मानवीय जीवन।

मनुष्य ने अपनी उत्पत्ति से लेकर प्रकृति साथ संघर्ष करते हुए अपनी आवश्यकताओं की पूर्ति के लिये अनेकानेक बदलाव किये हैं। इन बदलावों में वह जंगली जीवन से सामाजिक संगठन बनाने से लेकर उसके द्वारा सभ्यता व संस्कृति के जनन और उनमें अनवरत बदलाव के जरिये आज के सांस्कृतिक ढाँचे तथा आधुनिक सभ्यता का विकास किया गया है।

आग और पहिये के आविष्कार ने जहाँ उसे वैज्ञानिक चेतना व वैज्ञानिक दृष्टिकोण का शुरूआती आधार दिया उसके बाद हजारों हजार सालों में मनुष्य ने अपने भीतर अनगिनत बदलाव करते हुए

वर्तमान तकनीक और विज्ञान को समर्पित सामाजिक ताने-बाने को आकार दिया।

भौतिक विकास की इस यात्रा ने जंगल में प्रतिकूल परिस्थितियों वाले जीवन से वर्तमान विलासिता व अनुकूल परिस्थितियों वाला मानव जीवन दिया है। वह सभ्यता के विकास के शुरूआती दिनों में जंगल में दर-दर भटकते हुए अपनी भौतिक आवश्यकताएँ जैसे अनाज, पानी, आश्रय व सुरक्षा तय करता था वहीं आज इन मूलभूत आवश्यकताओं के लिये बड़ा संघर्ष नहीं रहा, यदि कहीं संघर्ष है तो वह लालच व सत्ताओं के कुप्रबंधन का है जिसमें किसी का हक अन्य द्वारा खाया जाता है।

जैसे-जैसे मानव ने समूह बनाकर यानी सामाजिक जीवन जीने लगा तो विभिन्न रिश्ते नातों से जुड़ गया, इन्हीं रिश्तों को निभाते हुए वह विभिन्न कबीलों से अन्तर्सम्बंध स्थापित करने लगा। महिला-पुरुष एक ही गाड़ी के दो पहिये के समान माने गये जिसका साक्ष्य हमें सिंधु-घाटी सभ्यता की मातृ-देवी की मूर्ति से मिला, तो वैदिक काल में विभिन्न विदुषी महिलाओं जैसे अपाला, घोषा, गार्गी, मैत्रेयी का जिक्र हुआ है जो उस समय की समृद्ध संस्कृति को दर्शाता है कि सभ्यता के विकास की यात्रा के शुरूआती दिन कितने व्यवस्थित और संतुलित थे।

कालांतर में उत्तर वैदिक काल से लेकर 20 वीं सदी तक आये विभिन्न बदलावों में महिला को कमतर आँकने से लेकर कमतर मानने और बनाने का प्रयास किया गया जो ऋणात्मक उन्नति या अवसान का सूचक प्रतीत होता है।

फिर धीरे-धीरे नारी शक्ति को दोयम दर्जे पर खड़ा करते हुए

इसे घर की चारदीवारी में कैद कर दिया जो सभ्यता के विकास का सबसे कमजोर पक्ष नजर आता है विशेष रूप से मुगल शासन काल के दौरान तो नारी शक्ति को उपभोग की वस्तु तक समझा जाने लगा। आजादी तक कमो-बेश यही हालात रहे लेकिन डॉ भीमराव अम्बेडकर की दूरदर्शिता के कारण यह संवैधानिक अधिकारों और बाद में लोकतांत्रिक व्यवस्था के जरिये विभिन्न कानूनी प्रावधानों के जरिये संतुलन की ओर बढ़ा। नारी शक्ति अब धीरे-धीरे घर की चारदीवारी का लाँघकर विकास की भागीदारी में अपनी भूमिका निभाने लगी।

सांगलिया धूनी के पीठाधीश्वर व संस्थापक संत रहे श्री लक्कड़दास जी महाराज अर्द्धनारीश्वर के रूप में रहे जो शिव (पुरुष) और शक्ति (महिला) के सूचक हैं। यह महिला और पुरुष की समता और सम्मान का विशिष्ट सूचक माना जा सकता है जहाँ महिलाओं को पुरुषों के न केवल बराबर माना बल्कि सम्पूर्ण विकास का प्रतीक भी माना गया है।

सांगलिया धूनी ने समान विकास की परिकल्पना को संजोते हुए भौतिकवाद की अंधी दौड़ में शक्ति स्वरूप नारी को दोयम दर्जें से बाहर निकालने के लिये सदा-सर्वदा से ही सामाजिक चेतना बढ़ाने में अहम भूमिका निभाई।

मनुष्य की सभ्यता और संस्कृति के विकास में भौतिक, बौद्धिक, नैतिक और आध्यात्मिक विकास की चहुँमुखी विकास अवधारणा का प्रमुख आधार रहा है।

सभ्यता के विकास में जब-जब इसके किसी घटक में कमी या अवसान/पतन हुआ है तब-तब सामाजिक ताना-बाना भी दूषित

हुआ है।

भौतिक विकास के साथ-साथ बौद्धिक विकास ने तो क्रमिक वृद्धि की है लेकिन विगत कुछ सदियों में नैतिक विकास की रफ्तार धीमी हो गयी है तो अध्यात्म की विकास यात्रा रुक-सी गयी है जो सोचनीय विषय बन रहा है।

भारतीय संत परम्परा ने वैश्विक नेतृत्व क्षमता लिये विश्व गुरु भारत का निर्माण किया जिसमें प्राचीन काल के ऋषि-मुनियों से लेकर वर्तमान में विवेकानन्द, दयानंद सरस्वती, डॉ कलाम, डॉ अम्बेडकर जैसे महापुरुष दिए जिन्होंने भटकती हुई जवानी की असीम ऊर्जा को सकारात्मक ढाँचे में ढाला और करोड़ों लोगों की चेतना को संचारित करते हुए पुन: विश्व गुरु बनने की आश जगाई है।

अखिल भारतीय सांगलिया पीठ ने भी नैतिक व आध्यात्मिक अवसान/पतन की स्थिति को बहुत पहले महसूस कर लिया और इस स्थिति से बाहर निकालने के लिये विभिन्न संतों ने भजनों, सत्संगों, प्रवचनों के जरिये शिक्षा व नैतिक चेतना विकास के हरेक क्षेत्र में काम किया है।

अखिल भारतीय सांगलिया पीठ की इसी संत परम्परा के संत शिरोमणि बाबा खींवादास जी प्रमुख महाराज ने पाखंडवाद, ढोंग, अंधविश्वास को दूर भगाने के लिये खूब योगदान दिया, उनकी वाणी...

'जागो भारत के नर-नारी रे
कुकर्मा ने छोड़, शिक्षा लेवो गुरांरी रे।'

साथ ही आपने सर्व-धर्म सम्प्रदाय को मन मस्तिष्क में सँजोये मुखारविंद दिए जो....

**"हम सरभंगी, सबके संगी, मेट दिया झोड़ तमाम
छुआ-छूत का भ्रम हटाया, कर दिया चक्का जाम।।**

खींवादास जी महाराज ने जाति-पाति में बँटे हुए समाज को एकता के सूत्र में बाँधने का विशिष्ट कार्य किया। साथ ही आपने शिक्षा के जरिये बदलाव को गतिशीलता देने का भगीरथ प्रयास किया जो इस क्षेत्र के लिये शैक्षणिक क्रांति के रूप महसूस किया जा सकता है।

आपने जो कॉलेज स्थापित किया वह अपने विराट आकार व पहचान के साथ सीकर-जोधपुर सड़क मार्ग पर सीकर जिला मुख्यालय से करीब 35 किलोमीटर दूर "बाबा खींवादास स्नातकोतर महाविद्यालय" के रूप में संचालित किया जा रहा है जहाँ गुणवत्ता-पूर्ण शिक्षा और व्यवहार-संस्कार के जरिये सभ्य नागरिक निर्माण प्राथमिकता का मूल मंत्र अपने भीतर थामे करीब 25 सालों से उच्च शिक्षा के वो पैमाने स्थापित किये हैं जो आँकड़ों के साथ-साथ लोगों की जुबानी सुने और समझे जा सकते हैं।

यानी सीधी-सीधी बात करें तो हम पायेंगे कि मानव की आदि-मानव से महामानव तक जाने वाली विकास यात्रा शिक्षा व संस्कारों से आयेगी। इसके सटीक पैमाने समझें तो वे चहुमुखी विकास के रूप में दृष्टिगत होंगे जिसके चार घटक भौतिक, बौद्धिक, नैतिक व आध्यात्मिक विकास हैं।

वर्तमान पीठाधीश्वर श्री श्री 108 श्री ओमदास जी महाराज भी मानव को महामानव तक जाने वाली यात्रा को नैतिक और

आध्यात्मिक विकास से जोड़कर देख रहे हैं। आप इस ओर विभिन्न सतसंगों, शैक्षणिक संस्थाओं में प्रवचन, संबोधन तथा अन्य जरियों से आगे बढ़ रहे हैं।

निर्बल व महिला वर्ग में शिक्षा की पहुँच सुनिश्चित करने के लिये बाबा साहेब भीमराव अम्बेडकर से लेकर खींवादास जी महाराज के सपनों को साकार करते नजर आ रहे हैं।

आपका मुखारबिंद है...

**"शिक्षा लेवो तुम सभी, करो अशिक्षा दूर।
शिक्षा में निज सार है, गुण भरिया भरपूर।"**

इसलिए संत परम्परा को मान-सम्मान देते हुए एक सभ्य, सुसंस्कृत व शिक्षित समाज का निर्माण करने के लिये चहुमुखी विकास को समर्पित सभी चारों घटकों को समान महत्व देते हुए शिक्षा के जरिये मनुष्यता को बदलाव यात्रा करनी होगी जो मनुष्यता की यात्रा को गतिशीलता देगा तथा मानव को महामानव तक की यात्रा में मार्ग दिखलाने से लेकर मंजिल तक पहुँचने की कामना समाहित करेगा। इसमें स्वामी जी का मानना है कि सबसे पहले चरित्र शोधन पर काम करना होगा तथा धीरे-धीरे बौद्धिक क्षमता का आकलन करते हुए उसके विस्तार देने पर काम करना होगा तभी उल्लेखनीय बदलाव संभव हैं।

॥ जय साहेब की ॥

2

प्रकृति बदलाव का सम्मान करती है

सृष्टि के निर्माण से लेकर आज तक लाखों बार प्रकृति ने स्वयं अपने भीतर बदलाव किये हैं जिसमें चाँद-तारों, ग्रह-नक्षत्र के निर्माण से लेकर अनेकानेक अदृश्य सूक्ष्म बदलाव भी शामिल हैं।

पृथ्वी के आधुनिक भौतिक स्वरूप से लेकर इस पर जीवन उद्भव तथा जीवों की विविधता तक आने वाली इस यात्रा में अनेकानेक बदलाव हुए हैं।

ऐसा माना जाता है कि ब्रह्मा ने पृथ्वी यानी सृष्टि पर जीवन संचार करते हुए विभिन्न जीवों का निर्माण किया वहीं हम वर्तमान वैज्ञानिक दृष्टिकोण के तहत देखें तो समुद्रों से जीवों की उत्पत्ति हुई उनमें क्रमिक रूप से बदलाव हुआ और धीर-धीरे विभिन्नता और विविधता लिये लाखों प्रकार के जीवों का सृजन हुआ।

प्रकृति भी सकारात्मक बदलाव को स्वीकार करती है। वे

बदलाव जो प्रकृति के अनुकूल उन्हें सहजता से स्वीकार करती है। और उन्हें आगे बढ़ने का पर्याप्त अवसर देती है।

किसी वृक्ष की विकास यात्रा का सूक्ष्म अवलोकन करें तो कण भर के आकार वाला बीज जो वृक्ष बनने की सम्पूर्ण योग्यता और क्षमता रखता है। यह बीज अनुकूल परिस्थितियाँ व परिवेश पाकर अपने भीतर की ऊर्जा में बदलाव करता है। अंकुरण से पीत वर्ण लिये नवीन कोपल सृजित करता है। ये कोंपले सूर्य की ऊर्जा, जल और वातावरण के साथ समन्वय बनाते हुए भोजन निर्माण करती हैं और बदलाव के रूप में आकार में वृद्धि करती हैं, प्रकृति भी इसके बदलावों को मौसम और ऋतु के अनुसार इसे सहमतियाँ व अनुमतियाँ देती है, तभी तो यह वृक्ष कभी पतझड़ मनाता है तो कभी नई कोंपले पैदा कर बसंत मनाता है तो कभी फूल-फल और अपने अस्तित्व की निरन्तरता को दर्शाता बीज बनाता है।

इसी तरह मानव की यात्रा भी एक अदृश्य कोशिका (बीज) से शुरू होती है जो माता के गर्भ में लाखों बदलाव करते हुए मानव जैसा शारीरिक गठन प्राप्त करती है, यदि इन बदलावों की सकारात्मकता के स्थान पर नकारात्मकता आ जाए तो विकलांगता उत्पन्न होती है जो गर्भपात से लेकर विकलांग व विकृत शरीर उत्पन्न करता है।

मानव के शरीर में जो प्राण फूँके जाते हैं वे माता के शरीर में होने वाली जैव-रासायनिक क्रियाओं से उत्पन्न होते हैं। यानी माता जैसा आहार लेती है जैसे विचार सोचती है जिस परिवेश में रहती है उसी का फलन उसकी कोख में पल रही संतति में होता है।

जन्म के उपरांत करीब ढाई-तीन किलोग्राम का शिशु अठारह-बीस वर्ष तक की आयु तक आते-आते शारीरिक आकार प्राप्त

     बदलाव- चरित्र से लेकर चेतना तक

करता है तो मानसिक – बौद्धिक – आध्यात्मिक विकास आजन्म जारी रखता है।

वर्तमान समय में आधुनिकता की दौड़ में जहाँ शारीरिक श्रम के स्थान पर मशीनी कार्य होने लगा है तो इससे मोटापा, शुगर, उच्च रक्तचाप सहित अनेकानेक बिमारियाँ होने लगी हैं यानी वे बदलाव जो मानव की क्षमताओं का अक्षमता में बदलते हैं वे सभी घातक और दुखदाई हैं।

यदि आज से 5 दशक पूर्व की बात करें तो महिलाएँ पनघट से पानी लाने से लेकर घट्टी (हाथ की चक्की) से अनाज पीसना, पशुचारा प्रबंधन से लेकर खेती किसानी और हस्तशिल्प में संलग्न रहती थीं यानी शारीरिक श्रम ठीक से हुआ करता था तभी तो वे स्वयं भी निरोगी हुआ करती थीं व गर्भावस्था के अंतिम दौर तक शारीरिक श्रम में संलग्न रहती थीं।। इसी का परिणाम रहा कि अधिकांश प्रसव घर में सामान्यतः दाई माँ की सहायता से हो जाया करते थे लेकिन यंत्रीकरण और भौतिकवाद की दौड़ में ये महिलाएँ श्रम से दूर हो गयीं और गर्भावस्था में दवाओं और आराम के सहारे जीने लगीं और प्रसव वेदना की न क्षमता रही, न ही मानसिक इच्छा, तो परिणाम रहा सामान्य प्रसव का स्थान सिजेरियन प्रसव ने ले लिया।

ऐसा केवल महिला वर्ग के साथ नहीं बल्कि हरेक वर्ग के साथ हुआ है पुरुष यानी पौरुष (शारीरिक क्षमता और ऊर्जा) का प्रतीक भी श्रम विहीनता का शिकार हो गया, वह भी दमा, मधुमेह, उच्च रक्त चाप, दुश्चिंता का शिकार होने लगा है।

यानी यहाँ इतने उदाहरण बतलाते हुए यह बात समझाने का प्रयास है कि वे सभी परिवर्तन जो प्रकृति के नियमों के तहत

मौलिकता के विपरीत हैं प्रकृति अस्वीकार करती है रोग उत्पन्न करती है।

मानव ने आधुनिकता की दौड़ में अध्यात्म की रीढ़ का कुबड़ा कर लिया है जिससे वह अपनी क्षमताओं और योग्यताओं को भूल गया है।

किसी को यह भी पता नहीं वह क्या कर सकता है? उसमें कौन से विशिष्ट गुण है? वह क्या और कैसे कर सकता है? इन सब की अनभिज्ञता के चलते मानव अपने मानव स्वरूप को खो रहा है।

वैसे तो महाबली हनुमान जी भी असीम शक्ति के धारक थे लेकिन उन्हें इस शक्ति का ज्ञान करवाना पड़ता था। ठीक इसी तरह नकारात्मक बदलावों को रोकने और सकारात्मक बदलावों को बढ़ाने के लिये नैतिकता और अध्यात्म की राह को पकड़ना होगा।

संत सानिध्य में व्यक्ति अपने बदलाव प्रकृति के तय और शाश्वत सिद्धांतों के अनुरूप ही कर पाता है जो उसके मानव जीवन में जन्म लेने के औचित्य के साथ-साथ महामानव बनने की यात्रा को आगे बढ़ाता है।

अखिल भारतीय सांगलिया पीठ के पीठाधीश्वर श्री ओमदास जी महाराज की वाणी में कहे तो....

'ओम कहे संसार में, साँचा सतगुरु देव।
तन मन धन भेंट करके, करो गुरां की सेव।।"

यानी गुरु को समर्पित जीवन में अध्यात्म और नैतिकता की राह पर चलने का मार्ग सुलभ होगा।

 बदलाव- चरित्र से लेकर चेतना तक

प्रकृति बदलाव का सम्मान करती है लेकिन यदि यह बदलाव प्रकृति के शाश्वत नियमों का उल्लंघन करें तो इसे अस्वीकार भी करती है। इसलिए वे सभी कार्य करने चाहिए जिसमें प्रकृति के सभी घटकों को सम्मान मिलता रहें।

इसलिये अखिल भारतीय सांगलिया पीठ के सर्वंगी सम्प्रदाय के मुखिया स्वामी ओमदास जी महाराज कहते हैं कि हमें अपने मौलिक ढाँचे का ध्यान रखते हुए लगातार अपडेट होते रहना है हर कोई कारण जिसके जरिये अपना बेहतर वर्जन बनाया जा सके उस संदर्भ में आगे आना चाहिए।

॥ जय साहेब की॥

3

बदलाव भीतर से होते हैं

सृष्टि के निर्माण से लेकर हरेक भौतिक व जैविक घटक में जो भी बदलाव दिखाई देते हैं वे सभी उनके भीतर से होते हैं।

> "साहब घट-घट रमत है, आँख माँयली खोल;
> दर्शन कर निज रूप का, अवसर है अनमोल॥"

सांगलिया पीठ के वर्तमान पीठाधीश्वर श्री श्री 108 श्री ओमदास जी महाराज के गुरुदेव व पूर्व पीठाधीश्वर श्री श्री 1008 श्री बंशीदास जी महाराज का बदलाव के संदर्भ में उक्त छंद यह बतलाता है कि जो भी बदलाव होने हैं वे सभी भीतर से होने हैं।

बीज के अंकुरण से वृक्ष बनने तथा पुष्प से फल व बीज बनने बीज में सम्पूर्ण पादप का सार समाहित करने की क्षमता का आना सब कुछ भीतर से ही संभव है।

कोई अपने भीतर की ऊर्जा का प्रयोग कर बाहर निकलता है तो

वह पूरा निकलता वह तंदुरुस्त और सम्पूर्ण ऊर्जा व क्षमता के साथ निकलता है। कबीर दास जी भी इस संदर्भ में कहते हैं..

"ज्यों तिल माहि तेल है ज्यों चक-मक में आग,
तेरा साईं तुझ में ही है, जाग सके तो जाग॥"

जिन-जिन लोगों ने अपने भीतर की असीम ऊर्जा को पहचाना उन सब ने दिव्यता पायी है। जब डाकू रत्नाकर अपने भीतर की ऊर्जा को पहचानता है तो वाल्मीकि के रूप में एक दिव्य रूपक व्यक्तित्व निकल कर आता है और भारतीय दर्शन का अद्वितीय ग्रंथ रामायण रचित होता है।

वहीं अपनी इसी ऊर्जा को पहचानते हैं तो भगवान बुद्ध और महावीर स्वामी जैसे देव रूपक व्यक्तित्वों का उद्भव होता है जो पाखंडवाद और कर्म-काण्ड से दुखी समाज का नेतृत्व करते हैं। नदी किनारे किसी पेड़ के नीचे ऐसी क्या अनुकूलता रही होगी कि किसी सामान्य से दिखाई देने वाले व्यक्ति को भगवान का रूप दिया जाता है। वहाँ यदि कोई विशिष्टता है तो वह है अपने भीतर छिपी असीम ऊर्जा को पहचानने की अवस्था जो शायद ध्यान और साधना से आती होगी।

ध्यान का यहाँ मतलब यह नहीं कि आसन लगाकर धूनी रमाना या जाप करना बल्कि ध्यान का अर्थ अपनी समस्त ऊर्जा को केन्द्रित करना मन की चंचलता को रोक देना है। यदि कोई व्यक्ति अपनी मन की चंचलता को रोक देता है तो वह काफी हद तक अपने भीतर की ऊर्जा को पहचानने और उसे सकारात्मक दिशा में परिवर्तित करने का कार्य करता है।

"विचारों की माला है यह मन,
अच्छे बुरे मोतियों का संगम।
चुनो उसमें सत्य का ही मोती,
बाकी त्याग दो व्यर्थ के ये रतन!!"

मन की एकाग्रता ही आपकी विजय-पराजय का आधार है, यदि एकाग्रता बनी हुई है तो आप विजयी होंगे वहीं एकाग्रता भंग हो गयी तो यह आप की पराजय का आधार बनेगी।

अपने भीतर की असीम ऊर्जा को पहचानने से लेकर उसे सही दिशा में संचारित करने का काम ही आपको सामान्य मनुष्य से महामानव की ओर ले जाएगा।

भीतर की ऊर्जा को पहचानने का सबसे बड़ा उदाहरण चूज़ा के जन्म से लिया जा सकता है। पक्षी को द्विज कहा गया है जिसका जन्म दो बार होता है,पहली बार पक्षी द्वारा अंडा उत्पन्न करते समय तथा दूसरी बार अंडे से निकलता चूज़ा।

वर्तमान समय में बाहरी दिखावा ज्यादा चल रहा है जिसके तहत गाड़ी-बंगला, धन-दौलत पा लेना और भौतिक विलासिता से भरा जीवन ही विकास का प्रतीक माना जाने लगा है जबकि बदलाव हमेशा आंतरिक ही होता है।

कभी सोचिए - क्या पके अंडे पर चोट मारकर उसका खोल हटाकर चूज़ा पैदा किया जा सकता है?

शायद नहीं यकीनन आपका जवाब "नहीं किया जा सकता" ही होगा।

पहली बात तो यह सत्य है कि अंडे को बाहरी चोट मारकर

स्वस्थ पूजा पैदा ही नहीं किया जा सकता। ऐसा करने पर वह तुरंत ही मर जाएगा। यदि फिर भी जिंदा रह गया तो वह अपना उन्मुक्त आकार नहीं ले पायेगा। वह विकलांगता लिये हुए होगा और वह आसमानी ऊँचाईयाँ पाने की क्षमता विकसित नहीं कर पायेगा।

ऐसे अनेक दृष्टांत हम अपने इर्द-गिर्द देख सकते हैं जो पर्याप्त सबूत है कि बाहरी प्रेरणा या बाहरी स्रोत से बड़े और स्थायी बदलाव संभव नहीं हैं। बाहरी प्रेरणा से केवल संस्कार विकसित किये जा सकते हैं।

बाहरी प्रेरणा से अनुशासन पैदा किया जा सकता है जो किसी भीड़ को नियंत्रित करने से लेकर फौज को कमांड देने में अधिक कारगर हो सकता है।

अपने आप को भीतर से बाहर आने का अवसर दीजिए। दुनिया में जिस किसी ने अपने भीतर की ऊर्जा को पहचान लिया तथा उसे सही दिशा दे दी तो यकीन मानिए उसी ने महानता हासिल की है। मर्यादा पुरुषोत्तम श्री राम से लेकर वाल्मीकि तुलसी, कबीर, रहीम या रविदास हो या फिर विवेकानंद से लेकर ज्योतिबा फूले हो या हो कलाम व गांधी से लेकर अम्बेडकर तक। इन सभी की सूची तैयार की जाए तो लम्बी होगी जिन्होंने युग परिवर्तनकारी बदलाव किये। इन्होंने अपने भीतर की ऊर्जा को न केवल पहचाना अपितु उसे व्यापक विस्तार भी दिया।

यदि दशरथ का बेटा राम अयोध्या छोड़कर बाहर नहीं निकलता तो मर्यादा पुरुषोत्तम राम नहीं बन पाता यानी सीधी सी बात है कि वे सदगुण जो राम को अयोध्या से निकलने से लेकर सरयु नदी में जल समाधि धारण करने तक काम आये वे बाहरी नहीं थे वे सभी

गुण भीतर से निकले।

बिखरी जुल्फ़ों वाले मल्लाह के बेटे को करोड़ों दिलों पर राज करने वाले कलाम बनाने वाले गुण भी भीतर से निकले, कलाम वह शख़्सियत थे जो गीता, बाइबिल, कुरान, गुरु ग्रंथ साहिब को एक समान भाव से पढ़ते थे और सभी धर्मों, सम्प्रदायों, के साथ बड़ा अपनत्व रखते थे इसीलिए तो कलाम एक संत थे। जी हाँ संत! हों भी क्यों नहीं इनका जीवन मानवता की भलाई के लिये लगी भारतीय संत परम्परा के समान दिखाई देता है।

आधुनिक भारत का मनु कहे जाने वाले ऋषि तुल्य जीवन के वाहक अम्बेडकर साहब का भी जीवन कोई सामान्य जीवन थोड़ी था, इनका जीवन भी संत के समान ही रहा। सामान्य दलित/वंचित परिवार से आये इस व्यक्ति ने ज्ञान और बुद्धिमत्ता के पैमानों पर दुनिया भर में नाम कमाया। अपनी बुद्धिमानी और विवेकशीलता को समता-मूलक समाज की स्थापना में लगाया।

कबीर से लेकर रविदास तक दादू दयाल से होकर ओम दास तक आते हमारी संत परम्परा के महान संतों ने समाज को मार्ग दर्शित किया है।

पाखण्ड-वाद को खत्म कर, शिक्षा और संस्कारों के जरिये मानवता को समर्पित समाज की स्थापना के लिये अखिल भारतीय सांगलिया धूनी के संतों ने लम्बे समय से समाज को सुपथ पर चलने का मार्ग दिखलाया है।

यहाँ के संत श्री लक्कड़ दास जी महाराज से लेकर खींवादास जी महाराज तक तथा वर्तमान पीठाधीश्वर श्री ओमदास जी महाराज तक सभी संत भीतर से बदलावों को देखते हैं। श्री ओमदास जी

      बदलाव- चरित्र से लेकर चेतना तक

महाराज का विभिन्न भजनों व प्रवचनों के जरिये कहना है कि अपने भीतर से ऊर्जा को नियंत्रित रूप में आगे बढ़ाना होगा ताकि व्यक्तित्व विकास से लेकर सामाजिक विकास की ओर बढ़ा जा सके।

"साहब घट-घट रमत हैं, आँख मायली खोल।
दर्शन कर निज रूप का, अवसर है अनमोल।।
अवसर है अनमोल, ऐलो खोय मत भाई।
बीत गया जो काल, फेर ना पाछा आई।।"

स्वामी ओमदास जी महाराज का इस संदर्भ में मानना है कि अपने जैविक संगठन की मूल का सम्मान करते हुए हमें दिखावटी दुनिया से परे अपने मौलिक स्वरूप का ही विस्तार करना चाहिए क्योंकि जो बदलाव अपने भीतर से होगा वह न केवल स्थायी होगा बल्कि प्रभावी भी होगा।

॥ जय साहेब की॥

4

बदलाव कैसे संभव

प्रकृति अपनी स्थिति और अवस्थिति में स्वतः बदलाव करती है। दिन-रात बनने से लेकर ऋतु परिवर्तन तक हो या फिर अन्य बदलाव हो अपने आप ही हुआ करते हैं।

बीज से वृक्ष बनने और फूल-फल के जरिये पुनः बीज बनने की यात्रा समय-मौसम-जलवायु के आधार पर तय होती है, यह बदलाव स्वतः ही हुआ करती है।

सृष्टि पर उपस्थित जीवों में से केवल मनुष्य ही एकमात्र जीव हैं जो कुछ हद तक बदलावों को अपने अनुसार परिवर्तित कर सकता है।

मनुष्य में बुद्धि और ज्ञान के घटक है जो अन्य जीवों से उसे श्रेष्ठ बनाते हैं। अन्य जीव पर नियंत्रण करने की क्षमता विकसित करता है।

मानव ने अपनी उत्पत्ति से लेकर आज तक लाखों ऐसे बदलाव किये हैं जो उसे आदि मानव से महामानव बनने की यात्रा तक ले जाने की ओर अग्रसर है।

आग और पहिये शुरु विज्ञान और तकनीक की चेतना आज आण्विक व परमाण्विक स्तर तक की सूक्ष्म खोजों तक जा रही है।

आग से मशाल का आविष्कार हुआ जो धीरे-धीरे अपने भीतर क्रमिक बदलाव करते हुए अधिक ऊर्जा दक्ष LED बल्ब और नैनो कार्बन ट्यूब तक पहुँच गयी है।

यहाँ विचारणीय मुद्दा यह नहीं कि मनुष्य ने कितने आविष्कार कितनी खोजें और कितने नवाचार किये बल्कि सोचने वाला मुद्दा यह है कि उसने किन आधारों पर ऐसा असंभव कार्य संभव बनाया।

वे कौन-सी बातें है जो उसे हर बार कुछ बड़ा सोचने, करने के लिये प्रेरित और मार्गदर्शित करती है।

यानी सीधी सी बात है कि वे कौन से आधार है जो उस मनुष्य को बदलाव करने के लिये मजबूत आधार देते है?

त्याग और तपस्या वो हथियार है जिनके बल-बूते दुनिया बदलने की शक्ति प्राप्त की जा सकती है।

त्याग भी अपने आप में बहुत बड़ी चीज है। सामान्य अर्थों में समझें तो पायेंगे कि वे सभी बंधन त्यागने है या छोड़ने है जो जीवन में आगे बढ़ने में बाधा बन रहे हैं।

त्यागने वाली चीजे बाधा के रुप में महसूस करते हुए उन्हें सूचीबद्ध कीजिए, जैसे निजी जीवन के वे घटक जो बड़ा करने से

रोक रहे हैं चाहे वह कुसंगति है या फिर किसी प्रकार का नशा/ व्यसन हैं छोड़ना ही होगा। अपने आराम की स्थिति को भी त्यागना होगा जो हर बार बड़ा करने की सोचने के बाद तुरन्त रोकती है कि मैं ही क्यों करूँ? अभी तो बहुत समय है? अभी तो आराम करना चाहिए, शौक पूरे करने हैं।

आपकी तारीफ करने वाले लोग भी आपके बाधक होते हैं, आलोचना करने वाले लोग आपकी प्रगति के सूचक है। आप चाहे तो तारीफ वाले लोगों को कम गंभीरता से हो जबकि आलोचकों का सम्मान देना चाहिए!

> **'निंदक नियरे राखिए आँगन कुटी छवाय।**
> **बिन पानी, साबुन बिना, निर्मल करे सुभाय॥'**

कबीर दास के अनुसार आलोचक आपकी प्रगति के बड़े समर्थक होते हैं वे लगातार कमियाँ निकालते हुए अधिक दुरुस्त करते हैं।

आम आदमी दूसरों में बुराई ढूँढ़ता है तो महान आदमी स्वयं में बुराई ढूँढ़ता है। जो व्यक्ति स्वयं की बुराइयों को पहचान जाएगा यकीन मानिए वह बदलाव के जरिये बुराइयों को अपने जीवन से हटा देगा और उनके स्थान पर अच्छाई को समाहित कर लेगा। जिसने यह काम कर लिया है वह महावीर या अर्हत हो गया है।

संत कबीर के शब्दों में देखें तो....

> **'बुरा जो देखन मैं चला, बुरा न मिलिया कोय**
> **जो दिल खोजा आपना, मुझसे बुरा न कोय॥'**

इसलिए त्याग के लिये आत्मावलोकन बहुत जरूरी है। आपके भीतर की ऊर्जा की सकारात्मक दृष्टिकोण देने के लिये जो कोई भी

 बदलाव- चरित्र से लेकर चेतना तक

बाधक बने उसे हटा दीजिए या खुद उससे दूर चले जाए जाइए।

यही कारण है कि ज्ञानार्जन का सबसे अनुकूल स्थान गुरुकुल हुआ करता है जिसमें बालक घर परिवार, समाज, रिश्तेदारियों यानी सामाजिक बंधनों से दूर होकर जीवन का अमूल्य समय उपयोग करता है।

वहीं अध्यात्म व परम सत्ता की चाह में ऋषि-मुनि, संत-महात्मा आम समाज से दूर कंदराओं में, पहाड़ियों में, जंगलों में, पहाड़ों में चले जाते है ताकि साधना के जरिये अपने मन को स्थिर करते हुए परम सत्ता से सम्पर्कित किया जा सके।

त्याग हर उस चीज का हो जो सफलता में बाधक हो। फिर दूसरी चीज आती है तपस्या। यहाँ तपस्या से तात्पर्य कोई धूनी रमाना नहीं है ना ही कोई जाप करना है। तपस्या का अर्थ है अपने लक्ष्य के प्रति आसक्त होकर उसे प्राप्त करने की चाह में आगे बढ़ना। लकड़ी भूगर्भ में दबकर अधिक ताप व दाब पाकर कोयले में तब्दील होता है वहीं उसी कोयले का वह भाग जो सबसे ज्यादा ताप दाब सहन कर लेता है वही हीरा बनता है।

त्याग और तपस्या वो दो पहिये है जिन पर होकर बदलाव की गाड़ी सरपट दौड़ती है। इसके अलावा तीन और घटक है जो बदलाव की यात्रा को गतिशीलता दी। वो है साहस, उत्साह और आत्मविश्वास। साहस यानी डेयरनेस किसी व्यक्ति में कमतरी का भाव नहीं आने देता है। उत्साह यानी एन्थुजियाज्म वह घटक है जो आपकी ऊर्जा को लक्ष्य की ओर बढ़ने के लिये संग्रहित करती है। ऊर्जा को लक्ष्योन्मुखी बनाना ही उत्साह है।

आत्मविश्वास यानी कॉन्फीडेंस वह घटक हैं जो परिणाम के

विचलन को कम यह आन्तरिक अभिप्रेरणा ही है जो लक्ष्य की करता है। ओर आगे बढ़ने की दिशा में आश्वस्त करती है।

त्याग, तपस्या, साहस, उत्साह और आत्मविश्वास वे "बदलाव के पंचामृत" होते हैं जो बदलाव करने वाले में होने जरूरी है। यदि किसी व्यक्ति में ये पांचों आ गये तो वह महामानव बनने की योग्यता और क्षमता रखता है।

युवराज राम से मर्यादा पुरुषोत्तम श्रीराम बनने की यात्रा को देखिए उसमें ये पंचामृत जरूर रहे हैं सबसे पहला त्याग जो राज-दरबार को छोड़ जंगल में वनवासियों को साथ होना बड़ा कदम रहा।

आम वनवासियों जैसा जीवन जीना संघर्षों का सामना करना वे कार्य थे जिन्होंने राम को मर्यादा पुरुषोत्तम कहलवाया।

भगवान बुद्ध से लेकर महावीर स्वामी तक की जीवनियाँ पढ़े तो पाते हैं कि कैसे एक राज परिवार में जन्मा बालक दुखी दुनिया को देख कष्ट कम करने व जन सेवा के लिये वैराग्य धारण कर लिया राजपाट का त्याग कर तपस्या के बलबूते कर्म-काण्ड और पाखण्डों से त्रस्त दुनिया को मध्यम मार्ग दिखलाया। सत्य, अहिंसा, अस्तेय, अपरिग्रह व ब्रह्मचर्य के तहत जीवन का उद्देश्य बतलाया तभी तो महावीर कहलाया।

डाकू रत्नाकर त्याग और तपस्या के बल-बूते वाल्मीकि बन सकता है। खूँखार डाकू अँगुलीमाल कैसे एक वैरागी विचारधारा अपनाता है।

इन सब एक बात ख़ास नजर आई जो एक आम आदमी को महानता के पैमानों पर कस गयी वह थी अपने आप को पहचानना

व अपने भीतर से निकलना।

बदलाव केवल अपने आप भी नहीं हो सकता है इसके लिये किसी गुरु या संत के सानिध्य की ज़रूरत ज़रूर होती है।

नरेन्द्र नामक बालक रामकृष्ण परमहंस का सानिध्य पाकर विवेकानंद बनता है। तो भगवान बुद्ध के सानिध्य में अँगुलीमाल डाकुवर्ती छोड़ संन्यासी बन जाता है।

इसी तरह रामदास का सानिध्य पाकर छत्रपति शिवाजी जैसा प्रतापी शासक बनता है।

जिस प्रकार कोई बीज अंकुरण के समय धरती को फाड़कर बाहर निकलता है ठीक वैसे ही व्यक्ति में भी महान होने या बड़ा होने की प्रक्रिया भीतर से बाहर की ओर होती है।

कबीर दास कहते हैं...

"बुरा जो देखन में चला, बुरा न मिलया कोय।
जो मन देखा आपना, मुझसे बुरा न कोय।।"

उक्त दोहे में कबीर दास जी स्पष्ट करते हैं कि है बड़ा यदि आपको बड़ा बनना भी मनुष्यता पैमानों पर बनना है। इसके लिये अपने भीतर के अवगुणों को पहचानना है न कि दूसरों के अवगुण। दूसरों में यदि देखना है तो अच्छाई ही देखनी है।

अखिल भारतीय सांगलिया धूनी भी बदलाव की प्रक्रिया को आंतरिक मानते हुए सामाजिक व्यवस्था से लेकर व्यक्तित्व विकास के संदर्भ में बाह्य आरोपित दबावों की बजाय आंतरिक बदलाव पर जोर दे रहे हैं।

संस्थापक संत बाबा लककड़ दास जी महाराज से लेकर श्री खींवादास जी महाराज तक तथा श्री बंशीदास जी महाराज से लेकर वर्तमान पीठाधीश्वर श्री ओमदास जी महाराज तक हरेक संत ने व्यक्ति के चारित्रिक शोधन के जरिये निर्मल समाज की स्थापना की कल्पना की।

वर्तमान पीठाधीश्वर श्री ओमदास जी महाराज स्कूलों, कॉलेजो तथा अन्य शैक्षणिक संस्थानों में विभिन्न व्याख्यानों के जरिये नैतिकता के पैमानों को बढ़ाने तथा अध्यात्म के सहारे अपनी आंतरिक शक्ति को मूर्त रूप देने की पर जोर दे रहे हैं। आपका मानना है कि नैतिकता और अध्यात्म के जरिये भारत के यौवन की ऊर्जा को सकारात्मक ऊर्जा व सही दिशा में उन्मुख किया जा सकता है। यदि भारत को विश्व गुरु बनना है तो अध्यात्म ही बना सकता है क्योंकि भारतीय लोगों में लगन और जुनून तो बहुत है परंतु सही दिशा नहीं मिल पा रही है वह अध्यात्म और नैतिकता से पूरी हो सकती है।

युवाओं को त्याग, तपस्या, साहस, उत्साह और आत्मविश्वास के पंचामृत पर वाली जीवन परिवर्तनकारी बूटी का सेवन करना चाहिए।

"चार कहूँ पुरुषार्थ सुन, अर्थ धर्म अरु काम,
गौण पुरुषार्थ तीन है, मुख्य मोक्ष हैं काम
मुख्य मोक्ष है नाम, जिसको ही लक्ष्य मानो,
गुरु शरण करो भक्ति, अपना स्वरूप पिछानो।। "

।। जय साहेब की।।

5

बदलाव में कौन-कौन भागीदार बने

एक आम आदमी से लेकर सामाजिक ताने-बाने में जो भी बदलाव होने में न केवल एक व्यक्ति यह कार्य कर सकता है न ही कोई संस्था; न ही सरकार ऐसा कर सकती है न ही आम जन; यदि कोई बदलाव करेगा तो वह शीर्ष सत्ता से लेकर आमजन तक बना विशाल तंत्र मिलकर करेगा।

शासन-प्रशासन के नुमाइंदे नीतियाँ व कानून बनाने से लेकर क्रियान्वयन की जिम्मेदारी निभाती है लेकिन यदि आमजन उसे स्वीकार न करें तो बदलाव या तो बहुत धीमा हो जाएगा या फिर मनोनुकूल बदलाव नहीं हो पायेगा। कुछ उदाहरणों के तहत इस बात को समझने का प्रयास करेंगे...

सन् 1829 में राजा राम मोहन राय के प्रयासों से तात्कालिक ब्रिटिश सत्ता ने "सती प्रथा" को अवैध घोषित किया लेकिन आजादी के समय और उसके बाद तक बदस्तूर जारी है। 1987 में दिवराला

सती कांड इसका अंतिम उदाहरण दिखाई देता है यानी सती प्रथा उन्मूलन में करीब-करीब 150 वर्ष से अधिक समय लग गया, यह बदलाव भी हुआ तो कानून के जरिये नहीं हुआ शिक्षा के स्तर बढ़ने व सामाजिक ताने-बाने में सुधार होने पर हुआ।

इसी तरह "बाल विवाह" जैसी कुरीति के निवारण के लिये आजादी से पहले 1930 में हरविलास शारदा के प्रयासों से विवाह योग्य आयु का निर्धारण किया गया। शारदा एक्ट के आने के बाद करीब 60 साल बाद 1989 में इसमें पुनः संशोधन कर 18 व 21 वर्ष विवाह योग्य आयु तय की गयी और 2022 में इसे 21 वर्ष कर दी गयी। फिर भी आप बताइए कि क्या बाल विवाह नहीं होते है ? अक्षया तृतीया (आखा तीज) पर हर साल हजारों बाल वधू शादी के गठजोड़ में बँधी दिखाई देती है जो इस बात को पर्याप्त सबूत है कि बाल विवाह को 90 साल पश्चात भी पूर्ण स्वीकृति नहीं मिल पायी है। बाल विवाहों की संख्या घटी है तो उसका प्रमुख कारण कानून तो नहीं है यदि यह होता तो कब के बाल-विवाह बंद हो जाते। आजादी के पश्चात शिक्षा का स्तर बढ़ा, विगत 3 दशकों में ग्रामीण भारत में व विशेषत: महिला शिक्षा के क्षेत्र में बहुत प्रगति हुई करीब-करीब दो तिहाई महिला साक्षरता के स्तर को छू लिया जिसके चलते बाल विवाह के शारीरिक, मानसिक सामाजिक, बौद्धिक स्तर पर दुष्प्रभावों के बारे में समझ बढ़ी और बेटियों की शिक्षा, रोजगार और आर्थिक-सामाजिक आजादी के बारे में सोच उन्मुक्त हुई लिहाजा बाल विवाह के मामलों में कमी आई।

ठीक इसी तरह सामाजिक कुरीति के रूप में "मृत्युभोज" के निवारण के लिये 1960 में कानून बना लेकिन 6 दशक बीत जाने के पश्चात भी यह बदस्तूर जारी है। जहाँ-जहाँ शिक्षा का स्तर बढ़ा है वहाँ-वहाँ इस प्रकार के भोज को अस्वीकार्यता मिली है।

   बदलाव- चरित्र से लेकर चेतना तक

कर्मकाण्ड व पाखण्डवाद का सूचक मृत्युभोज मूलतः गिद्ध-भोज ही है क्योंकि गिद्ध मरे जीव का भक्षण कर पेट भरता है ठीक वैसे ही किसी घर में मृत्यु होने पर 8-10 दिन शोक-विलाप जारी रहता है वहीं 12 वीं के दिन मिठाइयाँ परोसी जाती है जो कितना-कैसे-क्यों प्रासंगिक है या नहीं ? सही है या गलत ? इसका विवेचन आगे करेंगे। लेकिन यहाँ यह स्पष्ट होता है कि 6 दशक बाद भी कानून ज्यादा असर नहीं कर पाया जबकि शिक्षा के स्तर बढ़ने से जरूर कमी आई। सत्ती प्रथा, बाल विवाह और मृत्यु भोज जैसी सामाजिक कुरीतियों के निवारण के संदर्भ में उक्त विवेचन यह स्पष्ट करता है कि किसी भी बदलाव के लिये बहुत सारे पक्ष और बहुत सारे घटक एक सूत्र में बंधकर काम करेंगे तो निश्चित रूप से बदलाव की प्रकिया सम्पन्न- होगी।

यदि बदलाव की इस प्रक्रिया में कोई भी घटक निष्क्रिय रहा या विरुद्ध रहा तो यकीन मानिए बदलाव की प्रक्रिया न केवल धीमी पड़ेगी बल्कि बदलाव ठहर सा जाएगा।

इसलिए यदि संभव बदलाव करना है तो इससे सम्बंधित सभी घटकों, वाहकों, पैरोकारों को बदलाव का पक्षधर बनाना होगा। बदलाव के संभव परिणाम और उद्देश्य बतलाते हुए स्वीकार्यता के पैमाने बढ़ाने होंगे।

शासन से लेकर प्रशासन तक, व्यक्ति तक समाज से लेकर मूर्त से लेकर अमूर्त तक हरेक घटक को सहमति और स्वीकार्यता के पैमानों पर लाना होगा।

किसी भी मिशन की सफलता जनांदोलन से संभव होती है। यदि देश का हरेक नागरिक इस संदर्भ में खड़ा हो जाए तो यकीन

मानिए उस समाज या राष्ट्र को महान बनने से से कोई रोक नहीं सकता है।

भारतीय स्वतंत्रता संग्राम के अंतिम 2-3 दशकों का इतिहास टटोलिए या फिर 1945 में हीरोशीमा- नागासाकी पर बम गिराए जाने बाद पूरी तरह से बर्बाद हो चुके जापान को जन-भावना और जन आंदोलन ने ही न केवल पुन: खड़ा किया अपितु दुनिया के नक्शे पर अग्रिम पंक्ति पर भी खड़ा किया।

इजराइल जैसे राष्ट्र के उदय से तकनीक विज्ञान - सैन्य शक्ति के जरिये सशक्त राष्ट्र बनने की कहानी को ठीक से समझे तो पाएंगें देश के सभी लोगों ने प्रत्यक्ष-अप्रत्यक्ष रूप से उल्लेखनीय भूमिका निभाई।

यदि बदलाव की भागीदारी की बात आधुनिक संदर्भ में करे तो हम संविधान को लेकर एक स्पष्ट निर्णय तक पहुँच सकते है।

26 जनवरी 1950 को भारतीय विशाल जन समुदाय और विविधताओं से भरे सांस्कृतिक व्यवस्था वाले देश को चलाने के लिये देश भर के करीब तीन सौ लोगों ने प्रत्यक्ष तथा लाखों लोगों ने अप्रत्यक्ष योगदान देते हुए दुनिया के सबसे बड़े लोकतांत्रिक व्यवस्था का ग्रंथ "संविधान" बनाया।

यह संविधान भी स्वयं में 105 बार बदलाव करते हुए समय-काल-परिस्थिति के अनुरूप अपने आपको अधिक सक्षम -अधिक दक्ष स्थिति में खड़ा करता है।

संविधान को बदलाव देने के लिये न्यायपालिका-विधायिका-व्यवस्थापिका ने समग्र प्रयास किये, तब जाकर देश की भावनाओं

 बदलाव- चरित्र से लेकर चेतना तक

के अनुरूप अपडेटेड रूप में अपना संविधान दिखाई पड़ता है।

इसी लिये देश के किसी भी हिस्से से लेकर व्यक्तिगत रूप से शरीर में बदलाव के लिये इसके हरेक घटक, हरेक पुर्जे, हरेक अंग को बदलाव के लिये तैयार रहना पड़ेगा।

बदलाव की इस प्रक्रिया में मैं क्या कर सकूँ… तो इसे कबीर के दोहे से समझ सकते हैं…

"तन को जोगी सब करे, मन को विरला कोय
सहजे सब विधि पाइए, जो मन जोगी होए।।"

मन की मलिनता हटाते हुए इन्सानियत के पैमानों पर अपने आपको कस लीजिए आप निश्चित रूप से सफल होंगे।

अखिल भारतीय सांगलिया पीठ भी इसी तरह के बदलावों की प्रक्रिया के जरिये स्वच्छ और निर्मल समाज की कल्पना की जाती है।

"साहेब, तेरी साहेबी, सब घट रही समाय।
ज्यों मेहन्दी के पान में, लाली लखी नहीं जाय॥"

॥ जय साहेब की॥

6

बदलाव के लिये धुन जरूरी है

दुनिया-भर में जो भी क्रांतिकारी बदलाव हुए है उनकी मूल में धुन है। धुन व्यक्ति के भीतर का वह भाव है जो व्यक्ति को उस कार्य को करने के प्रति आसक्ति का भाव है जो हर वक्त मन मस्तिष्क में घूमता रहता है।

धुन के दीवानों ने ही दुनिया चलाई है। यह व्यक्ति के भीतर की ऊर्जा का केन्द्रित कर एक ही लक्ष्य की ओर उन्मुख कर देती है।

भगवान श्री कृष्ण की दीवानी "मीरा बाई" ने अपने ईश के प्रति अनन्य अनुराग दर्शाया। मीरा ने कृष्ण भक्ति का वह उदाहरण पेश किया कि आज भी किसी को मीरा कहना उसकी बड़ी साधना, बड़ी धुन बड़े अनुराग को दर्शाता है।

"मेरो तो गिरधर गोपाल दूसरों न कोई"

समर्पण का अद्भुत टैग वाक्य जो किसी भी साधक के लिये

हजारों-हजार सालों तक प्रेरणा-पूँज की तरह काम करेगा।

पश्चिम की विचारधारा से किसी उदाहरण को ले तो थॉमस एल्वा एडीशन धुन का धनी व्यक्तित्व ही रहा जिससे सामान्य घरों में रौशनी करने वाले बल्ब से लेकर सामान्य जीवन में काम आने वाले करीब 1000 आविष्कार किये जिसने दुनिया की व्यवस्था को नया ही रूप दे दिया यहाँ भी बात धुन और साधना की आती है।

शिक्षा के जरिये समाज सुधार के पैरवी करने वाले महापुरुषों में ज्योतिबा फूले से लेकर डॉ भीमराव अम्बेडकर तक के सभी व्यक्तित्वों ने इस तपन में सबसे पहले अपने आप को तपाया और आमजन की वेदना समझी, वेदना की मूल समझी तथा इस ओर लोगों को उन्मुख करने के लिये भगीरथ प्रयास किये।

दलित और वंचित समाज की वेदना समझने के लिये रामायण युग से मर्यादा पुरुषोत्तम श्रीराम से लेकर आधुनिक मनु के रूप में डॉ. अम्बेडकर ने इन वर्गों के साथ जीवन बिताया व इन्हीं की सेवा में जीवन लगाया।

साधना और धुन ही थी कि बेरिस्टर के रूप हमे काम करते मोहन लाल कर्मचंद गांधी को इस शोषित वर्ग की वेदना ने उनके करीब लाया, जहाँ सत्य और अहिंसा जैसे पवित्र साधनों से स्वतंत्रता की महायज्ञ अपना शेष जीवन लगाया। सूट-बूट में रहने वाले गांधी को इसी वेदना ने "अर्धनग्न फकीर" तक कहलवाया लेकिन यह वह साधना थी जिसने देश के कोने-कोने में स्वतंत्रता की चेतना से लेकर स्वतंत्रता की भूख तक पैदा की।

आपने भी बदलाव की वकालत करते हुए ग्रामीण क्षेत्रों पर ध्यान देते हुए बुनियादी शिक्षा और ग्राम स्वराज की कल्पना की।

आज जो भी भारत में बड़े बदलाव हुए हैं वो शिक्षा और पंचायती राज संस्थाओं के जरिये हुए हैं। यहाँ गांधी जी की साधना "एकादश व्रत" को मूलमंत्र बनाते हुए हुई थी।

धुन और लगन की बात करें तो हम कलाम साहब का जिक्र किये बिना नहीं रह सकते हैं। तमिलनाडु के रामेश्वरम में जन्मे एक मुसलमान जुलाहा परिवार के बच्चे ने विज्ञान और तकनीक के क्षेत्र में जो बड़ी साधना की थी उसी का परिणाम है कि भारत वैश्विक ताकत के रूप उभर कर आया। डॉ कलाम भी साधना में के पैमानों पर अद्वितीय पहचान लिये हुए हैं। रॉकेट प्रक्षेपण तकनीक पर काम करते हुए "मिसाइल मेन ऑफ इंडिया" की पहचान पायी।

आप भी साधना की नींव में शिक्षा को प्रथम और अनिवार्य घटक मानते हुए दुनिया में अद्वितीय पहचान हासिल की।

शिवाजी हो या महाराणा प्रताप, बच्छेंद्री पाल हो या अरुणिमा सिन्हा, सी. वी. रमन हो या कलाम, मेजर ध्यानचन्द हो या तेंदुलकर, लता मंगेशकर हो या मोहम्मद रफ़ी, महाभारत का अर्जुन हो या 21वीं सदी का अभिनव बिंद्रा, इंदिरा गांधी हो या इंदिरा नुई, रविन्द्र नाथ टैगोर हो या अरविंद अडिगा, सुभाष चन्द्र बोस हो या राममनोहर लोहिया, डॉ भीमराव अम्बेडकर हो या कांशीराम हो या कोई और हो सब अपनी साधना, धनु और लगन के बलबूते जो कीर्तिमान तय किया वह बदलाव का सूचक ही नहीं क्रांति का प्रतीक भी था।

सिविल सेवा भर्ती परीक्षाओं से लेकर NEET, JEE, CLAT जैसी मानक प्रतियोगी परीक्षाओं में अभावों की दुनिया से आते चंद वो चेहरे होते हैं जिनके पास इन परीक्षाओं तक पहुँचने के साधन-सुविधाएँ तो न के बराबर होती है लेकिन हिम्मत, हौसला और सच्ची

बदलाव- चरित्र से लेकर चेतना तक

लगन होती है जो न केवल चयन करवाती है बल्कि टॉपर कहलवाती है। इनके पास धुन होती है यह सब कुछ करने की।

इसलिए जो भी कोई बड़े बदलाव आपको अपने जीवन में करने है तो आप को धुन का पक्का होना जरूरी है। धुन भी मीरा जैसी हो, कलाम जैसी हो।

धुन के बारे में और अधिक जानना है तो अध्यात्म की दुनिया में सैर करना वहाँ इस धुन के सहारे भारतीय चिंतन और मीमांसा को वो रूप दिया जिसने भारत को "विश्व गुरु' कहलवाने का दर्जा दिया।

अखंड साधना के बलबूते साँसों के नियमन से लेकर मन की चंचलता को स्थिरता और मन मस्तिष्क को दिव्यता की और ले जाने का कार्य किया जा सकता है।

संत परम्परा के तहत अखिल भारतीय सांगलिया पीठ भी अध्यात्म और नैतिकता के पैमाने पर समाज को मार्गदर्शित करने की ओर साधना की। विभिन्न व्यसनों और कुरीतियों से बाहर निकालने के लिये व्यक्तिगत से लेकर सामाजिक बदलाव के संदर्भ में काम किया।

> **'साहेब के दरबार में, कमी काहे की नांय;**
> **जैसी तेरी भावना, वैसी ही फल पाय॥"**

साधक को सकारात्मक-विचारात्मक-बौधात्मक होते हुए अपने लक्ष्य के प्रति अडिगता का व्यवहार करना चाहिए। इसके लिये साधक को धुन का पक्का बनना होगा।

॥ जय साहेब की॥

7

बदलाव कहाँ से शुरु हो

वैसे तो बदलाव जीवन के किसी भी पड़ाव में संभव है, साथ ही समाज और इसकी विभिन्न संस्थाओं के जरिये संभव है। लेकिन इसका सूक्ष्म विवेचन किया जाए तो हम पाते हैं कि जीवन की सभी अवस्थाओं में एक समान रूप से बदलाव नहीं हो सकता है मनोस्थिति से लेकर ऊर्जा स्तर भी घटता-बढ़ता रहता है। जब ऊर्जा-स्तर व मानसिक चेतना का स्तर उच्चतम हो उस समय बदलाव व्यापक और तीव्र गति से सम्पन्न होता है।

यदि व्यक्तिगत स्तर पर देखे तो बदलाव की अधिक संभावना किशोरावस्था में होती है उससे पहले मानसिक विकास प्रक्रिया तो जारी रहती है लेकिन मानसिक परिपक्वता नहीं होती है। फिर 11 से 19 वर्ष की आयु में बड़े बदलावों के लिये कोई किशोर-किशोरी तैयार रहते हैं यदि इस समय सकारात्मक ऊर्जा संचार हो जाए तो बड़े बदलाव संभव होगे। यानी बदलाव की दिशा तय हो जायेगी और वह किशोर-किशोरी इसे जीवन का लक्ष्य बनाते हुए जीवन पर्यंत उसी मनोदशा में रहना पंसद करेगा जिसे उसने कभी किशोरावस्था

के दौरान तय किया था।

35-40 की उम्र के पश्चात व्यक्ति में नैतिकता और आध्यात्मिकता की ओर बढ़ने की सोच विकसित होती है इसके पीछे दुनियावी अनुभव लिये बहुत सी घटनाएँ होती है जो उसके मन-मस्तिष्क में चंचलता से स्थिरता की ओर ले जाती है।

यानी यहाँ यह साबित करने का प्रयास नहीं है कि केवल बच्चों और किशोरों में ही बदलाव की क्षमता है अन्य में नहीं। यहाँ इस बार बात पर जरूर जोर दिया गया है कि बाल्यावस्था और किशोरावस्था में परिवर्तनकारी सोच अधिक प्रबल होती है। वैसे बदलाव के लिये कोई उम्र की सीमा नहीं होती है।

वहीं संस्थाओं के तौर पर देखें तो बदलाव का बड़ा आधार शिक्षा द्वारा ही होता है। मूलतः परिवार जहाँ व्यक्ति में संस्कार डालता है तो समाज उसमें सामाजिकता यानी समरसता का भाव से लेकर सहयोगी भावना व समन्वय की भावना का विकास का आधार देता है। तो वहीं शिक्षण संस्थाओं के जरिये जीवन का मज़बूत आधार दिया जाता है।

प्राचीन काल में गुरुकुलों के जरिये गुरु के अधीन रहकर एक शिष्य में व्यापक बदलाव के उद्देश्य से श्रवण-मनन-निधिध्यासन की प्रक्रिया के द्वारा व्यावहारिक शिक्षा दी जाती थी। यानी सब कुछ प्रायोगिक रूप होता था पांडवों के कुल-गुरु धौम्य व उनके शिष्य आरुणि व उपमन्यु की कहानी हमने बचपन में सुनी थी जिसमें पाया कि कैसे गुरु शिष्य में जीवन-प्रबंधन का कौशल विकसित करने के लिये व्यावहारिक ज्ञान के तहत परीक्षाएँ ली गयी।

यहाँ यह बात स्पष्ट हो जाती है कि कैसे एक व्यक्ति बदलाव

के मुहाने पर पहुँचे। बदलाव के लिये व्यक्ति में शिक्षा और ज्ञान का होना बेहद जरूरी है।

किसी राष्ट्र को अपने लोगों में बड़ा बदलाव करना है तो उसे बच्चों की शिक्षा के पाठ्यक्रम में सुधार करना होगा।

याद कीजिए 1835 का मैकाले का स्मरण-पत्र जिसने सदियों से चली आ रही भारतीय शिक्षा प्रणाली के स्थान पर अपने शासन की सुलभता का उद्देश्य लिये अंग्रेजी शिक्षा पद्धति शुरू की। जिसका उद्देश्य भारतीय स्वरोजगार व आत्मनिर्भरता वाली शिक्षा प्रणाली का ध्वस्त करना था जिसमें कभी आत्मनिर्भर गाँव हुआ करते थे शिल्पी-वर्ग से लेकर किसान और आयुर्वेद से लेकर प्राकृतिक चिकित्सा, धातुकर्म से लेकर कुटीर उद्योग तक सब स्थानीय लोगों की ज़रूरत के मुताबिक़ आत्म-निर्भरता वाले मॉडल पर थे।

इस नई शिक्षा व्यवस्था ने जहाँ भारतीयों में हीनता का बोध कराया तो वहीं अंग्रेजी साहित्य व विज्ञान को श्रेष्ठ बतलाया गया धीरे-धीरे भारतीय जन-मानस मानसिक गुलामी की ओर बढ़ने लगा।।

इसलिए सामाजिक कुरीतियों से लेकर धार्मिक अंधविश्वासों से मुक्ति तथा वैज्ञानिक चेतना से लेकर सुसंस्कृत सामाजिक ताने-बाने के गठन के लिये सकारात्मकता को अंगीकार करने के उद्देश्य के लिये शिक्षा व्यवस्था में बदलाव करना बहुत जरूरी है।

गाँवों को आर्थिक रूप से समर्थ और सक्षम बनाने के लिये मूल्य-वर्धन और कौशल-वर्धन के संदर्भ में शिक्षा के जरिये बदलाव करना होगा जिसमें व्यावसायिक प्रशिक्षण आधारित पाठ्यक्रम को धरातल स्तर पर अमली जामा पहनाना होगा।

     बदलाव- चरित्र से लेकर चेतना तक

इसी तरह नैतिक रूप से समाज को सक्षम बनाने के लिये बाल्यावस्था से ही दादी-नानी की कहानियों से लेकर स्कूली शिक्षा में महापुरुषों की प्रेरक कहानियाँ शामिल करनी होगी। इन्हीं प्रेरक कहानियों के जरिये जीजाबाई की प्रेरणा से शिवाजी को छत्रपति शिवाजी बनाया, साथ ही बच्चों में आध्यात्मिक चेतना के विकास के लिये भी समुचित प्रबंधन करने होंगे।

यदि बच्चे में आध्यात्मिक ज्ञान का विकास होगा तो यकीन मानिए उसमें निर्भीकता का गुण आयेगा, साथ ही उसमें आत्मविश्वास के लिये आंतरिक अभिप्रेरणा का विकास संभव होगा।

उक्त समस्त विवेचन से स्पष्ट है कि चहुमुखी विकास को समेटती शिक्षा प्रणाली से लेकर मजबूत पारिवारिक-सामाजिक पर्यावरण ही एक बच्चे को बदलाव के लिये न केवल प्रेरित करेगा बल्कि बदलाव का प्रमुख घटक भी बनेगा।

अखिल भारतीय सांगलिया पीठ भी इसी बदलाव की भूमिका को थामे निरंतर सामाजिक चेतना का प्रसार कर रही है।

बदलाव के प्रमुख स्रोत से लेकर इसकी प्रक्रिया को समझते हुए श्री लादूदास जी महाराज से लेकर श्री खींवादास जी महाराज ने उल्लेखनीय काम किया।

स्कूली शिक्षा से लेकर कॉलेज शिक्षा की समुचित व्यवस्था को मूर्त रूप देते हुए बाबा खींवादास महाविद्यालय के जरिये मूल्य-परक शिक्षा दी जा रही है।

वर्तमान पीठाधीश्वर श्री ओमदास जी महाराज भी सामाजिक कुरीतियों व धार्मिक पाखंडों के निवारण के लिये तथा युवाओं के

चरित्र शोधन व आध्यात्मिक अभिरुचि पैदा करने के लिये कार्य कर रहें हैं। इस संदर्भ में आपके मुखारबिंद....

'अनपढ़ कोई नहीं रहाई.
सब मिलकर तुम करो पढ़ाई।
शिक्षा का है आज जमाना,
ओम नित पढ़ो और पढ़ाना।।"

स्वामी ओमदास जी महाराज विद्यार्थी वर्ग में चरित्र शोधन और चेतना विस्तार करके बदलाव की बात करते हैं वे चाहते हैं कि नौकरी का ट्रेंड छोड़कर कौशल विकास पर ध्यान देते हुए युवाशक्ति को आगे आना चाहिए ताकि भारत जैसी घनी आबादी वाले देश में नये रोजगार सृजन किये जा सके और उद्यमिता के जरिये वैश्विक शक्ति की ओर कुछ कदम बढ़ाए जा सके।

।। जय साहेब की।।

8

बदलाव– चरित्र शोधन के जरिये

व्यक्ति का आचरण व्यवहार और चरित्र वे उसके मन-मस्तिष्क के आभूषण है जो उसे मनुष्य योनि में होने की विशिष्ट पहचान दिलाते हैं।

चरित्र शोधन वह प्रक्रिया है जिसमें मनुष्य को स्वयं या सत्संगत के जरिये अपने अवगुणों का ज्ञान होता है साथ ही उन्हें दूर करने का कार्य भी होता है। माता-पिता, गुरु, समाज के जरिये हमें अपने चरित्र का ज्ञान हो सकता है यदि यहाँ से कोई रोका-टोकी के लिये कहा जाता है तो यकीन मानिए उस बात पर आत्मचिंतन जरूर करना चाहिए।

कबीर दास जी भी चरित्र शोधन के संदर्भ में रोका-टोकी करने वाले यानी निंदक की भूमिका को महत्वपूर्ण मानते हैं वे कहते हैं...

"निंदक नियरे रखिये, आँगन कुटी छवाय;
बिन पानी साबुन बिना, निर्मल करे सुभाय॥"

चरित्र मनुष्य के लिये वह दौलत और खजाना है जिसके जरिये वह समाज में सम्मान और प्रतिष्ठा पाता है यदि यह नहीं तो मनुष्यता नहीं, और जब मनुष्यता नहीं तो पशुता ही होगी और शरीर मृत-आत्मा युक्त देह मात्र ही रह जाएगी।

सच्चाई, खरापन, मन-वचन-कर्म से भलाई की भावना, दयालुपन, न्यायप्रियता, पक्षपात रहित व्यवहार, मैला काम, मैली वासना से कोसों दूर रहना, कृतित्व और व्यक्तित्व में अंतर का न होना वे गुण है जो चरित्र की उत्तमता को दर्शाते हैं।

बनावटीपन से दूर सादगी से लबरेज जीवन भी चरित्र का पैमाना होता है।

किसी ने खूब कहा है कि...

"जब धन चला गया तो समझो कुछ भी नहीं गया,

जब स्वास्थ्य चला गया तो समझो कुछ गया, और

जब चरित्र चला गया तो समझिए सब कुछ गया।"

गुरुदेव रविन्द्र नाथ टैगोर ने भी कहा है कि...

"प्रतिभा से भी उच्च है चरित्र का स्थान"

हमारी चारित्रिक सीमाएँ ही हमारी सफलता की सीमाएँ बनाती हैं। किसी व्यक्ति चारित्रिक स्तर जानकर उसके जीवन की दिशा सफलता-असफलता अंदाजा लगाया का जा सकता है।

लोकमान्य बाल गंगाधर तिलक ने भी कहा था कि...

"संसार में सच्चरित्र व्यक्ति ही उन्नति प्राप्त करते हैं।"

     बदलाव- चरित्र से लेकर चेतना तक

चरित्र ही जीवन की सबसे बड़ी स्थायी संपत्ति है। धन, विद्या, शक्ति के अभाव में भी चरित्रवान व्यक्ति उन्नति कर सकता है लेकिन चरित्र के अभाव में व्यक्ति उत्कृष्टता के पैमानों को नहीं छू सकता है।

चरित्र ही वह जीवन ज्योति है जो मनुष्य को कठिनाई, आपदा, निराशा, अहंकार, अंधकार, द्वंद्व की स्थितियों से बाहर निकालता है।

यदि कोई चरित्र का आकलन करना चाहे तो हमें भारतीय विराट संस्कृति से कुछ ऐसे महापुरुष नजर आते हैं जिनसे इसे ठीक से समझ सकते हैं।

मर्यादा पुरुषोत्तम श्रीराम का कर्तव्य पालन, भरत का त्याग तप, मीरा की अनन्य भक्ति, हरिशचन्द्र का सत्यव्रत पालन, दधीचि की दानवीरता, कबीर का फक्कड़पन, कृष्ण का अनाशक्ति योग, कलाम की वैज्ञानिक साधना वे प्रमाण हैं जो इनके चरित्र की पूर्णता को दर्शाते हैं।

चरित्र जीवन रथ का सारथी है जो यदि मजबूत नहीं होगा तो जीवन की गाड़ी राह भटक जाएगी, और मंजिल तक नहीं पहुँच पायेगी।

उत्तम चरित्र जीवन की सही दिशा को न केवल दिखलाता है बल्कि उस पर चलने की बारंबार प्रेरणा भी देता है। वहीं चरित्र-हीनता पथ-भ्रष्ट कर विनाश के मार्ग पर ले जाता है जहाँ मंजिल नहीं मलाल मिलता है।

यहाँ हमने चरित्र शोधन की बात कही है वह वर्तमान युग में बहुत जरूरी नजर आ रही है। भौतिकवाद की अंधी दौड़ में आज

बहुधा लोगों के जीवन मूल्यांकन के पैमाने बदले हैं वे मानने लगे हैं कि अधिक धन-दौलत का होना, प्रतिभा और विद्वता का होना या बड़ा पद-प्रतिष्ठा पा लेना जीवन का अंतिम लक्ष्य है या जीवन की पूर्णता है लेकिन यह आकलन सही नहीं है। जो पैमाने यहाँ गढ़े और बुने जा रहे हैं वो संकीर्णता से भरे और क्षणिकता लिये हुए है।

यहाँ एक नया ट्रेंड यह भी बना हुआ है कि लोग चरित्र का मूल्यांकन कम कर रहे हैं वहीं धनवानों की जी हुजूरी ज्यादा कर रहे हैं, नेताओं की पग-चम्पी ज्यादा की जा रही है, धर्म के सहारे भ्रम फैलाते पोंगा-पंडितो, मुल्ला-मौलवियों, पादरियों की वाह-वाही की जा रही है। चमत्कार के नाम पर धोका देते लोगों की पूजा आरती की जा रही है वहीं सदाचारी है जो हम अंधी दौड़ को देख हँसता भी होगा, कि ये मनुष्य है या भेड़ें।

इसलिए दुनियावी सफ़र में यदि महान कार्य करना है तो सबसे पहला और सबसे बड़ा काम चरित्र शोधन का करना होगा।

चरित्र शोधन में सभी कुंठाओ, द्वंद्वों, पूर्वाग्रहों, व्याभिचारिता, बेईमानी, लालच और कपट को त्यागना होगा।

साथ ही ईमानदारी, उदारता, शालीनता, निष्पक्षता, सचरित्रता, निष्कपट अपनाने होंगे तथा राग-द्वेष से परे रहकर सदगुणों का विकास करना होगा।

अखिल भारतीय सांगलिया पीठ भी शिक्षा और संस्कारों के जरिये शिक्षण संस्थाओं से लेकर समाज तक भजनों, प्रवचनों और उपनिषद जरिये चरित्र शोधन का काम किया जा रहा है। नशाखोरी, पाखंडवाद, धर्मांधता से परे मानवता को समर्पित मानव धर्म, वैज्ञानिक चेतना का विकास किया जा रहा है।

वर्तमान पीठाधीश्वर श्री ओमदास जी महाराज लगातार चारित्रिक शुद्धता की बात कर रहे हैं। आप युवाओं को भौतिकवाद की अंधी दौड़ से बचाने तथा उनमें नैतिक और आध्यात्मिक अभिरुचि विकास के लिये अनवरत कार्य कर रहे हैं। नशावृत्ति से लेकर असामाजिक कार्यों में संलग्न लोगों को दक्षिणा स्वरूप इन कुसंगतियों को छोड़ने के लिये बंधन में कर रहे हैं। यानी वचनबद्ध करते हुए चारित्रिक शोधन पर बल दे रहे हैं।

निश्चित रूप से चरित्र यदि उत्तम रहा तो जीवन की उज्ज्वलता भी असीम रहेगी।

"ओम कहे संसार में, कर्म करना महान।
जीवतां जस ले लीज्यो, अपजस मरण समान॥"

॥ जय साहेब की॥

९

अपने आप को पहचानना ही बदलाव है

इंसान की पहचान की शुरूआत उसके चेहरे से होती है परन्तु उसकी सम्पूर्ण पहचान तो उसके व्यवहार, आचरण, चरित्र से होती है।

मानव जीवन में जन्म लेने से पूर्व ही पहचान के पैमाने गढ़े जाने लगते हैं, गर्भ में पल रहा शिशु लड़का होगा या लड़की यह तो जन्म पर ही तय होता है लेकिन अमुक दंपति के संतान होगी जो उसके होने का एहसास देती है।

जन्म के बाद नामकरण संस्कार के जरिये एक नाम प्रदान कर दिया जाता है जो परिवार-जनो, रिश्तेदारों, शिक्षण संस्था और समाज के द्वारा उसकी पहचान के लिये दे दिया जाता है। 18-20 साल की उम्र तक आते-आते स्वयं भी इस नाम को पूर्णतः स्वीकार करते हुए गर्वित भाव में कहा जाने लगता है।

"तू जानता है मैं कौन हूँ?"
"मैं सुरेश/उमर/एन्थोनी हूँ।"
"मैं राधा/रबिया/रैलजा हूँ।"

यानी सीधी सी बात है यहाँ जो मैं निकल कर आ रहा है वह अभिमान का सूचक है। वैसे जिस नाम और पहचान पर यह अभिमान पैदा हो रहा है वह स्वयं का है ही नहीं, वह नाम और पहचान तो उधार की है, अन्य लोगों के द्वारा दी गयी है, बाहरी है।

जो पहचान बाहरी है वह काल्पनिक है वास्तविक और आंतरिक नहीं है।

जब तक आंतरिक पहचान नहीं आयेगी, व्यक्ति का व्यक्तित्व भी काल्पनिक ही रहेगा, वह कोई बड़ा और महान नहीं कर पायेगी।

थोड़ी असहमति भी हुई होगी इस ओर, क्योंकि आप और हम बाहरी और काल्पनिक नाम के साथ ही जी रहे हैं, हमें जो पहचान मिली है वह बाहरी ही है, इसमें हमारा योगदान क्या है? थोड़ा सोचिए!

चलो कुछ उदाहरणों से इसे समझे कि पहचान बाहरी और आंतरिक कैसे?

पहचान वास्तविक और काल्पनिक, कैसे?

विश्वनाथ दत्त, कलकता हाई कोर्ट के प्रसिद्ध बेरिस्टर थे, क्या आप इन्हें जानते हैं? शायद नहीं या कुछ ही जानते होंगे? चलो कोई बात नहीं। इनके पुत्र का नाम नरेन्द्रनाथ था। क्या आप नरेन्द्र नाथ को जानते हैं? आपका जवाब भी पूर्ववर्ती ही होगा।

नरेन्द्र सामाजिक पहचान वाला नाम था जिसकी पहचान बाहरी थी, जो कि बड़ी और महानता लिये नहीं थी। लेकिन रामकृष्ण परमहंस के सानिध्य में यह बालक अध्यात्म की शिक्षा लेता है नव-वेदांती और भारतीय समाज के स्वप्न-द्रष्टा के रूप में भारतीय सांस्कृतिक विरासत के आध्यात्मिक पक्ष को न केवल समझा बल्कि दुनिया से रूबरू कराया, अध्यात्म के प्रकाश से रौशन यह नरेन्द्र कभी इस नाम से नहीं जाना गया यह विवेकानंद नाम से वैश्विक पहचान पा गया, विवेकानंद केवल व्यक्तिगत पहचान ही नहीं बल्कि भारतीय सभ्यता और संस्कृति को वैश्विक पटल पर आमुखीकरण करती एक अनमोल विरासत है।

जंगल में पला-पोषा एक बालक रत्नाकर दस्यु-कर्म के जरिये जीवन यापन करता था। सभी बुरे कर्म और लूट-पाट के जरिये ही अपने परिवार का भरण-पोषण कर रहा था। यह रत्नाकर नाम भी समाज ने दिया लेकिन बड़ी पहचान नहीं दिला पाया। साधु संगत में हृदय परिवर्तन हुआ और सब बुरे कर्म छोड़ अन्तध्र्यान में लग गये, साधु की भाँति तपस्या करने लगा, चींटियों के द्वारा शरीर कुतर लिये जाने के बाद के वाल्मीकि के नाम से पहचाने गये। वाल्मीकि ने अपना अधिकांश जीवन बाहरी पहचान के मुताबिक डाकू-वर्ती ने अपयश ही दिया, हर जगह डर से लेकर तिरस्कार ही मिला। लेकिन जब डाकू-वर्ती के स्थान पर साधना और ध्यान के जरिये तप-तपस्या आई तो न केवल नाम बदला, पहचान और कर्म भी बदल गये यानी जो ख्याति डाकू वर्ती नहीं दे पायी जिसमें कभी जीवन खपा दिया था उससे बढ़कर जो पहचान मिली वह उस ग्रंथ से मिली जो भारतीय संस्कृति और सभ्यता को समेटे हुए हैं वह है "रामायण"।

जी हाँ ! "रामायण" के रचनाकार वाल्मीकि की पहचान

 बदलाव- चरित्र से लेकर चेतना तक

आंतरिक है, मौलिक है, वास्तविक है।

शुद्धोधन और महामाया देवी की संतान जो सिद्धार्थ के नाम से सामाजिक पहचान ली, गुरु विश्वामित्र से शिक्षा दीक्षा ली। इक्ष्वाकु वंश के राजकुमार थे लिहाज़ा भोग-विलास की सभी सुविधाओं से भरपूर प्रबंधन था, नाच-गान, मनोरंजन की सारी सामग्री थी, सेवा चाकरी के लिये दास दासियाँ थी। 16 वर्ष की उम्र में यशोधरा से विवाह करा दिया, जिससे राहुल नामक पुत्र हुआ।

बूढ़े आदमी, रोगी, शवयात्रा में अर्थी, और संन्यासी को देखकर विरक्त भाव उत्पन्न हो गया, राजसी ठाठ-बाट में जी रहा यह सिद्धार्थ संसार व जीवन की वास्तविकता पहचान चुका था। अपनी काल्पनिक दुनिया व पहचान के बंधनों से बाहर निकल कर वास्तविक दुनिया व वास्तविक पहचान की ओर बढ़ गया।

पत्नी यशोधरा, दुधमुँहे राहुल और कपिलवस्तु के राजसी ठाट-बाट को छोड़ तपस्या के लिये निकल गया। गुरु आलार कलाम से संन्यास शिक्षा ली व निरंजना नदी के किनारे पीपल के वृक्ष के नीचे ध्यानमग्न हो गये और यहीं से सच्चाई का बोध हुआ तो सिद्धार्थ से "बुद्ध" बने। भगवान बुद्ध के रूप में जो आंतरिक पहचान मिली वह वास्तविक पहचान थी इसी के सहारे दुनिया दुखों को पहचानने से निवारण के मार्ग को "अष्टांगिक मार्ग" के रूप में बतलाया। कर्मकांड और पाखंडवाद से त्रस्त समाज को अहिंसा, ध्यान, मध्यम-मार्ग, चार आर्य सत्यों के सहारे आगे बढ़ाया। यानी यहाँ भी स्पष्ट है कि जो पहचान मिली वह बाहरी नहीं आंतरिक थी।

यह पहचान केवल प्राचीन युग में ही परिवर्तित नहीं हुई, वर्तमान में भी हजारों हजार लोग है जो त्याग और तपस्या के बल-बूते अपनी

पहचान को बाह्य से आंतरिक और काल्पनिक से वास्तविक बनाई।

इलाहाबाद यानी प्रयागराज में जन्मे ध्यानचंद सिंह ने सामान्य परिवार में बाल्य-जीवन बिताया 16 वर्ष की उम्र पाते-पाते वर्ष 1922 में एक सिपाही के रूप में सेना में शामिल हुए, उस समय तक न तो खेल के प्रति अभिरुचि थी ना ही ऐसी कोई पृष्ठभूमि। लेकिन वो कहते हैं न किसी के हुनर की पहचान उसके पारखी नजर लिये गुरु को जरूर होती है लिहाजा रेजीमेंट के एक सुबेदार मेजर तिवाड़ी की देख-रेख में इस आंतरिक पहचान को न केवल पहचाना गया बल्कि उसे भीतर से बाहर निकाला भी गया।

सतत साधना, अभ्यास, लगन, संघर्ष और संकल्प के सहारे यह वास्तविक पहचान अर्जित की और नया नाम जो नाम ही नहीं ब्रांड भी बना हासिल किया "हॉकी का जादूगर"।

हॉकी का जादूगर के नाम से मशहूर हुए मेजर ध्यानचंद 1928, 1932, 1936 के ओलम्पिक खेलों में तीन बार स्वर्ण पदक दिलाया।

1928 के खेल जब ध्यानचंद ने 14 गोल किये तो अखबार में खबर बनी... "यह हॉकी नहीं बल्कि जादू था और मेजर ध्यानचंद हॉकी का जादूगर है।"

यहाँ भी स्पष्ट साबित होता है कि जो पहचान समाज व परिवेश से मिली है वह जरूरी नहीं कि वास्तविक हो, जो पहचान अपने भीतर से उठती है वहीं वास्तविक है, वही आनंद देती है। वहीं दुनियावी सफर में महान बनाती है।

अखिल भारतीय सांगलिया पीठ अनवरत रूप से कर्मफल पर काम करने की पक्षधर रही है। सदैव जीवन मूल्यों के विकास और

जीवन पथ पर अबाध बढ़ने के लिये नैतिकता और आध्यात्मिकता की बूटी दे रही है जो आंतरिक और वास्तविक पहचान लिये व्यक्तित्व उन्नयन पर काम कर रही है।

कोई भी जो अपने भीतर से निकलेगा वही पूरा व निरोग निकलेगा। बाहरी पहचान व दिखाने से परे अपने भीतर की ऊर्जा को पहचानना व इसे बाहर की ओर निकालना ही सही तौर पर पहचान साबित करना है।

"साहब घट-घट रमत हैं, आँख मायली खोल;
दर्शन कर निज रूप का, अवसर है अनमोल।।"

॥ जय साहेब की ॥

10

सामाजिक बदलाव के लिये व्यक्तिगत प्रयास कैसे हो

जिस प्रकार किसी भवन को बनाने में प्रत्येक ईंट, पत्थर, गारे का योगदान होता है ठीक उसी प्रकार ही समाज के निर्माण में भी हरेक नर-नारी का ऐसा ही योगदान है।

स्वस्थ शरीर में सभी अंगों का अद्वितीय योगदान रहता है। एक ही अंग की अनुपस्थिति और निष्क्रियता न केवल शारीरिक सौंदर्य को प्रभावित करती है अपितु सम्पूर्ण मानवीय प्रणाली को भी प्रभावित करती है।

140 करोड़ आबादी वाला देश यदि ठान ले तो अगले पाँच साल में वैश्विक शक्ति के रूप में राष्ट्र को स्थापित कर सकता है। केवल यही विचार अंतर्मन में लाना है कि मैं एक भारतीय हूँ या इससे बढ़कर यदि अपने आप के बारे में सोचना है तो यही सोचना है कि मैं

1/140 करोड़ भारत हूँ और मुझे अपने हिस्से का भारत बनाना है। मुझे यदि अपने हिस्से का भारत बनाना है तो स्वस्थ भारत बनाना है।

हमें भारत निर्माण की यह प्रक्रिया अपने भीतर के बदलाव करते हुए करनी है जिसके जरिये सामाजिक बदलाव संभव होंगे। सामाजिक बदलाव से ही राष्ट्रीय चरित्र बनेगा।।

सामाजिक बदलाव के लिये व्यक्तिगत प्रयास करने होंगे। सकारात्मक सोच के जरिये अंधविश्वास और कर्मकाण्ड से दूर होते हुए आगे बढ़ना होगा।। जैसे मृत्युभोज जैसी सामाजिक कुरीति के निवारण के लिये आगे आना होगा, यदि अपने दिवंगत स्वजन के प्रति सच्ची श्रद्धांजली अर्पित करनी है तो मृत्युभोज जैसे गिद्ध-भोज के स्थान पर उक्त फिजूलखर्ची को सामाजिक उत्तरदायित्वों में खर्च किया जा सकता है।

एक उदाहरण के तौर पर देखें तो 5000 की सामान्य आबादी किसी गाँव के प्रतिवर्ष मृत्यु-भोज, जन्मदिन, वैवाहिक वर्षगाँठ पर होने वाले खर्चों को सकारात्मक उपयोगीतावाद की ओर कर दिया जाए तो महज 5-7 साल में ही सड़क, पेयजल आपूर्ति, ड्रेनेज सिस्टम, सार्वजनिक पुस्तकालय, सार्वजनिक भवन, आदि महत्वपूर्ण कार्य आत्मनिर्भर गाँव के तौर पर संभव है। इस 5000 आबादी वाले गाँव में करीबन 50-60 मौत होती होगी जिसमें 40-50 मृत्यु-भोज किये जाते हैं जिनका औसतन खर्च 2 लाख से 10 लाख के ईद-गिर्द रहता है। औसतन 3 लाख भी खर्च मान ले तो 40 मृत्यु-भोज का खर्च 1 करोड़ 20 लाख होगा। वहीं जन्मदिन पर 5000 में से 1000 - 1500 लोग इसे कार्यक्रम का रूप देते हैं जहाँ खर्च ₹5000 से 50 हजार रहता है साथ ही वैवाहिक वर्षगाँठ पर भी 200-300 कार्यक्रम आयोजित हो तो होंगे जिनका खर्च भी 10

हजार से 50 हजार प्रति कार्यक्रम होता होगा। यानि उक्त कार्यक्रमों में 2 करोड़ रुपये वार्षिक खर्च होते होंगे। यह एक सामान्य विवेचन है यदि आप रूढ़िवादी क्षेत्र में रहते हैं तो वहाँ मृत्यु-भोज पर अधिक खर्च होता है वहीं आधुनिकता लिये लोग जन्मदिन और वैवाहिक वर्षगाँठ पर ऐसा ही खर्च करते हैं। यानी फिजूलखर्ची आदिवासी-रूढ़िवादी समाज में भी है तो शिक्षित-आधुनिक समाज में भी।

यहाँ यह बिल्कुल भी प्रयास नहीं है कि आप अपने पूर्वजों को श्रद्धांजली न दो या फिर वैवाहिक वर्षगाँठ या अन्य कार्यक्रम जैसे जन्मदिन को मनाये।

यहाँ फिजूलखर्ची को सकारात्मक सोच के सहारे सजृनात्मक कार्यों में सामाजिक व सार्वजनिक उद्देश्यों में लगायें ताकि हम और आप मिलकर सार्वजनिक परिसंपत्तियों का निर्माण कर सके।

उदाहरण के तौर पर देखें तो आपके हमारे आस-पास दर्जनों ऐसे उदाहरण हैं जिन्होंने इस फिजूलखर्ची को सकारात्मक व उपयोगी कार्यों में लगाकर अनुकरणीय उदाहरण पेश किये। राजस्थान के राजसमंद जिले के पिपलांत्री गाँव के श्याम सुन्दर पालीवाल के पुत्री किरण की असामयिक मृत्यु ने श्याम सुन्दर पालीवाल को एक बार तो स्तब्ध ही कर दिया लेकिन पालीवाल जी ने इसे सदियों तक याद रखने वाली श्रद्धांजलि के रूप में तब्दील कर दिया। किरण फाउंडेशन के जरिये बालिका जन्म पर 111 पेड़ लगाकर बंजर व पथरीली भूमि को हरित-भूमि में तब्दील करने की ठानी। इन्हीं की प्रेरणा व अनुकरण से आज पिपलांत्री गाँव वैश्विक नक्शे पर अपना विशिष्ट स्थान पाता है तथा श्याम सुंदर पालीवाल इस मिशन के प्रेरक बने जो भारत सरकार द्वारा सर्वोच्च नागरिक सम्मान के तहत पदम श्री से सम्मानित हुए।

मृत्यु-भोज पर प्याऊ लगाने से लेकर शमशान भूमि में टिन-शेड व स्थायी बैठक व्यवस्था के लिये कुर्सियाँ लगवाना या फिर विद्यालयों में भवन निर्माण में सहयोग, छात्र-छात्राओं को पोशाक, बैग, कॉपी-किताब, स्वेटर, जुते जुराब उपलब्ध करवाने का कार्य किया जा सकता है।

ठीक इसी तरह जन्मदिन, वैवाहिक वर्षगाँठ पर पौधे लगाने से लेकर विद्यालयों में स्टेशनरी, पोषाक वितरण से लेकर उत्सव-भोज के रूप में मनाते हुए कार्य किया जा सकता है। बहुत सारे लोग समाज में इस तरह के अनुकरणीय उदाहरण पेश कर सकते हैं।

भारतीय सनातन संस्कृति के तहत गौवंश को माता का दर्जा दिया जाता है जहाँ गाय को रोटी खिलाने, गुड़ खिलाने से लेकर आत्मीयता दर्शाना एक परम्परा के तहत नजर आती है। आज भी समाज के बौद्धिक चेतना सम्पन्न व्यक्ति नवाचारों के तहत जन्मदिन से लेकर वैवाहिक वर्षगाँठ तथा श्रद्धांजलि से होकर अन्य किसी छोटे-बड़े कार्यक्रमों को "गौ-सवामणी" के रूप मनाते हुए अनुकरणीय उदाहरण पेश कर रहे हैं।

सामाजिक बदलावों की मूल व्यक्तिगत बदलाव से आती है। सांगलिया पीठ के निकटवर्ती ग्राम पंचायत भीराना ने जहाँ संत परम्परा के तहत श्री मीठाराम बाबा और अघोरी बाबा (चैताराम) जैसे संत दिए जिन्होनें अपना जीवन अखिल भारतीय सांगलिया पीठ की संत परम्परा में रहते हुए सामाजिक कुरीतियों और पाखण्ड-वाद के निवारण में बिताया उसी गाँव के श्री मालाराम मेघवाल ने स्वच्छ भारत अभियान से पूर्व वर्ष 2000 में एक अनुकरणीय उदाहरण पेश किया जो उस समय क्षेत्र की सभी ग्राम पंचायतों के लिये प्रेरणास्रोत रहा। आपने कैंसर बीमारी से ग्रस्त होने पर जीवन

के संकट को महसूस करते हुए अंतिम यात्रा स्थल श्मशान-भूमि को नजरों में साधते हुए उसके सौंदर्य और हरित रूप देने की ठानी। जो श्मशान मरे जानवरों की बदबू, भरुंट और बबूल के काँटों से अटा पड़ा था वह आज सुन्दर बगीचे के रूप में दिखाई देता है। श्री माला राम मेघवाल ने कैंसर बीमारी के दौरान दवाइयों के लिये अस्पताल और दुआओं के लिये श्मशान भूमि का रास्ता नापा, लगभग 5-6 साल के भगीरथ प्रयासों से बिलायती बबूल करवाकर कुल्हाड़ी व दरांती की सहायता से हर रोज झाड़-झंकाड़ हटाना तथा वर्षा ऋतु पर नए पौधे लगाना व वर्ष पर्यंत पौधों की बेटे के समान परवरिश करना यही जीवन का उद्देश्य बन गया।

गाँव में घुसते ही सुंदर सा बगीचा और उसमें सफेद कपड़ों में साधना करता प्रकृति प्रेमी श्री मालाराम लोगों को आकर्षण देता था। धीरे-धीरे निकटवर्ती पंचायतों में भी इसका असर दिखाई देने लगा, अगले एक दशक में सभी श्मशान सौंदर्य युक्त हरे-भरे दिखाई देने लगे।

यानी अकेला व्यक्ति बड़ा बदलाव तो नहीं कर सकता है लेकिन बड़ी प्रेरणा तो जरूर दे सकता है जिसके सहारे समाज बड़े बदलावों की और बढ़ सकता है।

इसलिए हमें भी व्यक्तिगत रूप से किसी सकारात्मक पक्ष की और बढ़ते समय यह नहीं सोचना चाहिए कि मेरे अकेले से क्या हो जाएगा?

ज्योतिबा फूले और सावित्री बाई फूले यदि ऐसा सोचते तो जगा पाते? क्या वे समाज में शिक्षा की अलख या फिर डॉ. अम्बेडकर ऐसा सोचते तो क्या दलित, पीड़ित और वंचित वर्ग में चेतना आ

पाती?

यदि अफ्रीका के नेल्सन मंडेला ऐसा सोचते तो क्या अफ्रीका से रंगभेद नीति मिट पाती?

यानी इन सभी उदाहरणों से यह प्रतीत होता है कि सामाजिक बदलाव हो या सामाजिक चेतना ये सभी व्यक्तिगत प्रयासों से शुरू होते हैं और सामाजिक स्वीकार्यता पर गति पकड़ते हैं और सामाजिक ताने-बाने को नयी पहचान दिलाते हैं।

अखिल भारतीय सांगलिया पीठ अपनी स्थापना से लेकर आज तक अनवरत व्यक्तिगत चेतना से सामाजिक बदलाव की बुनियाद रखती नजर आ रही है।

युवाओं से लेकर सामाजिक नेतृत्व-कर्ताओं तक हरेक पक्ष के साथ विभिन्न सामाजिक कार्यों में सरीक होकर स्वयं ओम दास जी महाराज व आपके अनुयाई प्रकृति संरक्षण से लेकर फिजूल खर्ची को सृजनात्मक कार्यों में तब्दील कर रहे हैं। दहेज प्रथा से लेकर मृत्यु-भोज तक के सभी अनावश्यक अप्रासंगिक खर्चों को शिक्षा, स्वास्थ्य, प्रकृति-संरक्षण, पशु-सेवा, मानव-सेवा में लगाने की हरेक पहल को मुखरता से प्रचारित प्रसारित कर रहे हैं।

"उर रहता उल्लास, दर्शन करूँ निज देव का।
प्रीतम रहता पास, ओळख लियो ओमदास॥"

अखिल भारतीय सांगलिया पीठ के सर्वंगी सम्प्रदाय के मुखिया स्वामी ओमदास जी महाराज बताते हैं कि सांगलिया धूनी के सेवकों ने जन्मदिन, मैरिज एनिवर्सरी, मृत्यु-भोज जैसे फिजूल-खर्ची को सकारात्मक सोच के साथ गौ-स्वामणी में लगाने, सामूहिक विवाह

सम्मेलन आयोजित करवाने, प्रकृति के संरक्षण और संवर्धन में लगाने की जो परंपरा शुरु की है अगले 5-7 सालों में क्रांतिकारी बदलाव लायेगी।

॥ जय साहेब की॥

11

सर्वांगी बदलाव हो

जिस प्रकार सम्पूर्ण स्वस्थता का सूचक चहुमुखी विकास है, जिसमें शारीरिक, मानसिक, नैतिक और आध्यात्मिक विकास की पूर्णता या श्रेष्ठता होती है।

यदि शारीरिक स्वास्थ्य की बात करें तो स्वस्थता इस बात का सूचक है कि शरीर का प्रत्येक अंग मानक रूप आकृति में हो, साथ ही सभी अंगों की क्रियाशीलता भी उत्तम हो।

यदि शरीर के किसी भी अंग में विकृति या अक्षमता आती है तो निश्चित रूप से सम्पूर्ण शरीर प्रभावित होता है। यदि शरीर में कहीं विकृति पैदा हुई है तो बौद्धिक स्तर भी कहीं न कहीं प्रभावित होता है।

इसे व्यापक अर्थों में समझें तो वैश्विक व्यवस्था का एक उदाहरण होंगे जिसके जरिये इस विषय की मूल तक पहुँचने का

प्रयास किया जाएगा। सम्पूर्ण विश्व में सैकड़ों धार्मिक परम्पराएँ या सामाजिक व्यवस्था को संभालती व्यवस्थाएँ हैं।

इन धार्मिक और सामाजिक व्यवस्थाओं में बहुत सारी रीतियाँ, परम्पराएँ, प्रथाएँ हैं जो समाजों को बंधन में रखते हुए अराजकता से बचाती है और एक दूसरे को जोड़ने का कार्य करती है।

इन सबकी मूल में कुछ समानताएँ हैं तो कुछ भिन्नताएँ हैं जो एक दूसरे करीब भी लाती है तो दूर भी करती है।

समानताओं के विषय में चर्चा करें तो पाते हैं कि सभी धर्मों के मूल में धैर्य, संयम, अस्तेय, शौच, इन्द्रिय-निग्रह, क्षमा, विद्या, सत्य अक्रोध जैसे अनेकानेक मूल तत्व हैं जो सभी धर्मों को एक-दूसरे से जोड़ते हैं। साथ ही सरल सहज अभिव्यक्ति में समझें तो धर्म के मूल में मानव कल्याण, उचित-अनुचित का निर्णय करना, दयालु स्वभाव का विकास करना है जो एक-दूसरे को जोड़ते हुए आगे बढ़ने की प्रवृत्ति का विकास करता है।

विभिन्नताओं की बात करें तो जहाँ हिंदुओं में शाकाहार उसकी प्रमुख खाद्य प्रकृति है तो मुस्लिम धर्म में मांसाहार मूल खाद्य प्रवृत्ति है।

हिन्दू को जहाँ बहु-देववाद में विश्वास करता है तो मुस्लिम धर्म एकेश्वरवाद में विश्वास करता है। कुछ धर्म व मुर्ति-पूजा में विश्वास करते हैं तो कुछ मुर्ति-पूजा का खंडन, वहीं कुछ सामूहिक प्रार्थना और सामूहिक भोज पर विश्वास करते हैं तो कुछ धर्मों में प्रार्थना के बाह्य स्वरूप का ही बहिष्कार है।

कुछ धर्म पुनर्जन्म और आत्मा की अमरता में विश्वास करते हैं

तो कुछ इस पुनर्जन्म की अवधारणा को सिरे से खारिज करते हैं।

यानी यहाँ विभिन्नताओं पैमाने भी बड़े व्यापक है तो समानताओं की सूची भी बहुत बड़ी नजर आती है।

समानताएँ धर्मों को पास लाकर जोड़ने के प्रयास करती है तो असमानताएँ दूरी पैदा करते हुए संघर्ष की राह पर लाती है।

वर्तमान भौतिकता की दौड़ में दुनिया भर में धर्म, सम्प्रदाय, वर्ग, समूह के तौर पर इनमें दूरियाँ बढ़ी है साथ ही तनाव से लेकर टकराव भी बढ़ा है और साम्प्रदायिक से लेकर धार्मिक उन्माद बढ़े हैं जिनकी लपटें आप और हम तक पहुँच रही है।

समस्या है तो समाधान भी होगा, समाधान है तो समाधान की प्रक्रिया भी होगी, यदि प्रक्रिया है तो इसमें हमें आगे आना होगा।

आज से करीब 130 वर्ष पहले 1893 में भारतीय संत परम्परा के संत विवेकानंद युवा ने विश्व धर्म सम्मेलन में शिकागो में ऐतिहासिक भाषण दिया। इस भाषण के जरिये विवेकानंद ने दुनिया के सामने भारतीय सनातन धर्म जो "वसुधैव कुटुंबकम्" की अवधारणा के तहत सभी धर्मों की अच्छी बातों को न केवल सम्मान देता है आत्मसात भी करता है की मुखरता से पैरवी की, साथ ही एक "वैश्विक धर्म" की बात भी कही। "वैखिक धर्म" का तात्पर्य ऐसे धर्म की अवधारणा जिसमें सभी प्रमुख धर्मों की अच्छाइयों को स्वीकार व आत्मसात करते हुए मानवता की भलाई और उसके उत्थान को मूल मानते हुए कुछ नियम बनाने जिसकी स्वीकार्यता सम्पूर्ण विश्व में हो।

वैश्विक धर्म के जरिये विश्व कल्याण व मानवता की भलाई के अंतिम सत्य को सार्वभौमिक स्वीकार्यता प्रदान करता प्लेटफार्म

मुहैया करवाना है।

अखिल भारतीय सांगलिया पीठ का सम्प्रदाय "सर्वंगी सम्प्रदाय" है जिसमें सभी धर्मों, सभी विचारधाराओं को न केवल सम्मान देना है अपितु उन्हें आगे बढ़ने व मानव कल्याण के मार्ग पर उन्मुख होने का आधार भी देता है।

"सर्वंगी" का तात्पर्य यहाँ पूर्णता से है। जिस प्रकार शरीर के सभी अंग मिलकर सुडौल शरीर का निर्माण करते हैं उसी प्रकार व्यक्तिगत तौर पर देखें तो मानव की पूर्णता उसके चहुमुखी विकास से समझी जा सकती है जिनमें शारीरिक, बौद्धिक, नैतिक और आध्यात्मिक विकास को समग्र रूप से एक सूत्र में बाँधकर आगे बढ़ा जाता है।

अखिल भारतीय सांगलिया पीठ के वर्तमान पीठाधीश्वर श्री ओमदास जी महाराज इस सर्वंगी सम्प्रदाय की विचारधारा को पूर्णता का सूचक बताते हुए कहते है कि वर्तमान समय में शारीरिक और बौद्धिक विकास तो दुनिया भर में बहुत शीघ्रता से हुआ है लेकिन दुनिया नैतिक विकास और आध्यात्मिक विकास के पैमानों पर पिछडे सी गयी है। जो उसे पूर्ण विकास यानी सर्वंगी होने में बाधा नजर आ रही है।

"सर्वंगी सम्प्रदाय" की विचारधारा मनुष्य में मनुष्यता के स्तर को देवत्व तक ले जाने की ओर एक मजबूत मार्ग है जो राधाकृष्ण के अतिमानस की विचारधारा/दर्शन के समान ही है।

यदि पूर्णता के पैमानों पर कहीं आगे बढ़ना है तो "वसुधैव कुटुंबकम्" की विचारधारा वाले सर्वंगी सम्प्रदाय की विचारधारा को समझना है बल्कि उसे आत्मसात् भी करना होगा।

नैतिक चरित्र उत्थान के लिये दादी-नानी की कहानियों से लेकर समाज से लेकर शिक्षण संख्याओं के जरिये प्रेरक व्यक्तित्वों/ महापुरुषों की जीवनियाँ पढ़नी-पढ़ानी होगी।

बचपन में सुनी "झुथ्या की कहानी" आपदा प्रबंधन का बेहतरीन उदाहरण है तो "ढ़ेला और पत्ता की कहानी" बेहतरीन समन्वय और सहकारिता का उदाहरण है। वहीं भगवान बुद्ध, महावीर स्वामी, डॉ. कलाम, डॉ अम्बेडकर, गांधीजी की जीवनियाँ हमारे भीतर नैतिकता के होकर जीवन प्रबंधन पैदा करती है। हमें सर्वंगी बनाती है।

श्री खींवादास जी महाराज के मुखारविंद..

"हम सरभंगी, सबके संगी, मेट दिया झोड़ तमाम।
छुआछूत का भ्रम हटाया, कर दिया चक्का झाम॥"

॥ जय साहेब की॥

12

सखा-भाव ही बड़े बदलाव का आधार है

सृष्टि सृजन से वर्तमान तक संघर्ष की राह पर जो सफल रहा है वही विजेता रहा है वहीं अस्तित्व से लेकर प्रभुत्व तक अपने आप को स्थापित करने में कामयाब रहा है।

इस दौड़-धूप में जो आगे बढ़ गया वह संसाधनों पर अधिकार प्राप्त कर गया, वहीं जो पीछे छूट गया वह अपने जीवन को बचाने की जद्दोजहद में लग गया यहीं से शोषक शोषित के रूप में दो वर्ग बन गये।

शोषक-शोषित वर्ग में आपसी संबंध दासता से जुड़े होते हैं। जब भी शोषित वर्ग को पता चला कि वह इस व्यवस्था के चलते शोषण शिकार है तो कार्ल मार्क्स की तर्ज पर सत्ता से संघर्ष के मार्ग पर निकल गया। यानी जब शोषक - शोषित वर्ग के बीच की दीवार बड़ी होगी और संसाधनों का वितरण भेदभाव पूर्ण होगा तो संघर्ष पैदा होगा और बनी - बनाई व्यवस्थाएँ ध्वस्त हो जाएगी। सभ्यता

का विनाश होगा, सभ्य से बर्बर व्यवस्था बन जाएगी।

बड़े बदलाव के लिये सखा-भाव होना चाहिए जिसमें कोई पदानुक्रम यानी ऊँच-नीच का भाव नहीं होता है। यहाँ सभी एक-दूसरे के मित्र बनकर एक साथ आगे बढ़ते हैं।

सखा भाव को ठीक से समझे तो रसिक संत को समझते हुए इसकी मूल तक पहुँच सकते हैं। रसिक संत में एक व्यक्ति परम सत्ता तक पहुँचने के लिये रसिक भाव यानी वात्सल्य भाव या वात्सल्य राग में प्रेम करता है जो माता और उसकी संतान के बीच होता है वैसा ही होता है।

राधा से लेकर मीरा बाई तक का प्रेम भी भगवान श्रीकृष्ण तक रहा तो वह रसिक भाव रहा, प्रेम की ऐसी पराकाष्ठा जिसमें परम ईश के प्रति अनन्य अनुराग होता है।

जब से इस सृष्टि की रचना हुई है तब से ही सखा भाव यानी सहकारिता भाव वाली विचार धारा भी अनवरत बढ़ी है। सामाजिक व्यवस्थाओं में दुनिया के करीब-करीब हरेक कोने में सहकारिता की जड़े मजबूत रही है।

भारत में भी सहकारिता ने सदियों से "एक सबके लिये, सब एक के लिये" मूलमंत्र के सहारे आगे बढ़े हैं। 1904 अंग्रेजी हुकूमत के दौरान सहकारिता को आगे बढ़ाने के लिये कानून बनाया जिसमें वंचित और पीड़ित वर्ग को मुख्यधारा में लाने की कटिबद्धता दर्शायी।

आजादी के बाद भी इस सहकारिता के लिये सरकारों से लेकर सामाजिक संस्थाओं ने बहुत प्रयास किये जो करीब-करीब सफल ही रहें।

इसका सबसे बड़ा उदाहरण गुजरात के आणंद जिले में डेयरी क्षेत्र में सहकारिता भाव से अमूल ब्रांड के साथ दुग्ध संकलन व प्रोसेसिंग का कार्य शुरू किया इसी का परिणाम रहा शुरू दुग्ध-क्रांति ने 1970 के दशक में भारत में सहकार यानी सखा-भाव की नई मिशाल स्थापित की और आज भारत दुग्ध उत्पादन में दुनिया में प्रथम पंक्ति पर विराजमान है। ये सब तो वे उदाहरण हैं जो हमें सहकारिता के भौतिक लाभ बतला रहे हैं।

सखा-भाव उन्नति के लिये वह मूल-मंत्र है जिसे कि जीवन के किसी भी कालखंड में आजमाया जा सकता है।

छात्र जीवन में ज्ञानार्जन का सर्वोत्तम तरीका सखा-भाव से ही आ सकता है जहाँ छात्र-शिक्षक संबंध हो या फिर छात्र-छात्र संबंध हो वे यदि सखा-भाव में हो तो उत्तम परिणाम लिये होंगे।

वहीं सामाजिक व्यवस्था में सखा-भाव से एक-दूसरे की मदद करते हुए सामाजिक संस्थाएँ गतिशीलता पा सकती है। इसी तरह वर्तमान में बड़ी कंपनियाँ भी इसी सहकारिता यानी सखा-भाव से आगे बढ़ी है।

इसलिए सखा भाव को इस वैश्विक आपाधापी के युग में आगे बढ़ाया जाए तो न केवल संघर्ष कम होंगे बल्कि चहुँमुखी विकास की गति भी बढ़ेगी।

अखिल भारतीय सांगलिया पीठ भी सखा भाव पर आपसी ताने-बाने को कसकर मजबूती प्रदान की जा रही है।

अखिल भारतीय सांगलिया पीठ के वर्तमान पीठाधीश्वर श्री ओमदास जी महाराज सखा-भाव को बतलाते हुए भक्ति से होकर

दैनिक जीवन को मजबूत किया जा सकता है। आप बतलाते हैं कि अखिल भारतीय सांगलिया धूनी के संस्थापक संत श्री लक्कड़दास जी महाराज का 'अर्द्धनारीश्वर' स्वरूप जहाँ लैंगिक भेदभाव में समाप्त करते हुए शिव और शक्ति को एक जगह स्थापित कर संतुलन पैदा करता है तो यहाँ का सर्वंगी सम्प्रदाय जाति-पाति, धर्म- सम्प्रदाय, वर्ग भेद से परे मानवता के धर्म को एक सूत्र में ला रहा है। जो केवल सखा भाव से ही संभव है।

अखिल भारतीय सांगलिया पीठ सखा-भाव सहारे मानव धर्म की ही वकालत करता नजर आ रहा है।

आपका मानना है कि सबसे बड़ी साधना मानव कल्याण में अपना जीवन समर्पित करना है इसीलिए तो आपका "मैं उस साहब का सेवक हूँ जिन्हें अज्ञानी लोग मनुष्य मानते हैं।" यानी मनुष्य की मनुष्यता में ही जीवन आनंद माना गया है।

आपका मूलमंत्र है कि "गुरु एक दर्पण है।" और आप गुरु के सानिध्य में अपने अस्तित्व को न केवल पहचान सकते हैं। बल्कि जीवन को सरस जीने का ढंग भी आत्मसात कर सकते हैं।

स्वामी ओम दास जी महाराज बताते हैं कि हमारी सामाजिक व्यवस्थाएँ सहकारिता यानी सखा भाव पर निर्भर रही है पुराने समय में लोग किसी के शादी-ब्याह से लेकर उसके हारी-बीमारी के समय जुड़कर सहायता किया करते थे जो तब भी प्रासंगिक था और अब भी। वर्तमान में विभिन्न आपदाओं/त्रासदियों के समय लोग सहायता के लिये क्राउड फंडिंग की ओर बढ़ते हैं जो है हमारी सांस्कृतिक मूल के तत्व सखा भाव को रेखांकित करता है।

"अवसर आयो है ठीक, मिलगी मानुष देह।
मात-पिता गुरु-देव की कर लो सेवा स्नेह॥

कर लो सेवा स्नेह, तीर्थ उनके चरणों में
जिन पर कृपा इनकी न्हाये मौज झरणों में॥

बंशी गुरु-कृपा करी, छोड़ी ना कोई कसर
त्रिलोक में त्रि सेवा,'ओमदास' बड़ों अवसर।।"

॥ जय साहेब की॥

13

बदलाव का आकलन जरूरी है

जीवन में घटित हो रहे प्रत्येक पल का आकलन यानी हिसाब-किताब नहीं लगाया जा सकता है लेकिन निश्चित समयावधि पर आकलन तो किया जा सकता है।

आकलन बहुत जरूरी है चाहे जीवन का कोई भी क्षेत्र हो, इसके जरिये हम उस समयावधि की उस उत्पादकता को न केवल महसूस कर सकते हैं बल्कि उसे और अधिक गतिशीलता भी दे सकते हैं।

यदि किसी कार्य की बेहतरी में किये गये प्रयास में कुछ कमियाँ भी रह गयी है तो उसे दुरुस्त भी कर सकते है साथ ही संशोधित प्रक्रिया के जरिये मनोनुकूल गति भी प्रदान कर सकते हैं।

जहाँ आकलन नहीं होता है वहाँ निश्चित सफलता की गारंटी भी नहीं होती है अत: आकलन बेहद जरूरी घटक है जो हमें अपने भीतर से बाहर की ओर हो रहे बदलावों को जाँचने-परखने का आधार

देता है।

पुराने समय से ही भारतीय संस्कृति में नक्षत्र ज्ञान का बड़ा महत्व रहा है साथ ही प्रकृति में हो रहे बदलावों से निकट भविष्य की भविष्यवाणी भी कर ली जाती थी।

हमने हवा के रुकने से लेकर विशेष दिशा यानी पुरवइया, सूरया, आधूनी, उतरार्ध रूप में राजस्थानी भाषा में हवा के बहने की दिशा निकट भविष्य के मौसम को बतलाती है यह उनका आकलन ही तो है।

राजस्थान के रेगिस्तान में बालू रेत पर गड्डे बनाती गौरैय्या इस बात का शुभ संकेत देती हैं कि अगले पखवाड़े बारिश होगी। इसी तरह बड़े बुजुर्ग अपने शरीर में बढ़ी हुई जकड़न व बदन दर्द को भी मौसम से जोड़ते हैं। गाँव में 80 बसंत पार कर चुका, बुजुर्ग अलसुबह उठते ही कह उठता है।

"दो-चार दिन में मेह आसी, मको डील कलड़ो हूगो, हाडा मं मेह बड़गो।"

जबकि इस दिन आसमान साफ है, वही एक-दो दिन में मौसम भी बदलता सच साबित हो उठती है। है और भविष्यवाणी सच साबित हो उठती है।

यहाँ बात अनुभव और अनुभव जनित आकलन की है जो इस बात की और स्पष्ट संकेत है कि जीवन में बड़े बदलाव की ओर बढ़ने वाला व्यक्ति अपने भीतर होने वाले प्रत्येक बदलाव का आकलन करता है, फिर आवश्यक संशोधनों के सहारे पुनः बदलाव का साथ कार्य करता है तो इसी का दोहरान अनवरत करता है। इसके जरिये है

 बदलाव- चरित्र से लेकर चेतना तक

व्यक्तित्व और कृतित्व को आकार देता है उसे मनुष्यता की परिभाषा के ढाँचें में स्थापित करने का प्रयास करता है।

इसलिए जीवन की उन्नति के लिये हमें प्रत्येक बदलाव का आकलन जरूर करना चाहिए ताकि मनुष्यता की यह यात्रा प्रगति के राजमार्ग पर सरपट दौड़े।

यदि हम बदलाव पर आकलन बंद कर दे तो यही बदलाव मनुष्यता की यात्रा को न केवल अवरुद्ध कर सकते हैं बल्कि मनुष्यता की यात्रा और मनुष्यता को ही अस्तित्व हीन कर सकते हैं।

समाज से लेकर राष्ट्र की व्यवस्था में भी जो बदलाव हो रहे हैं उनका आकलन किया जाना बेहद जरूरी है। इस आकलन के जरिये सामाजिक व्यवस्था से होकर राष्ट्रीय व्यवस्था के रात्रि बदलावों की समीक्षा की जाती है। उदाहरण के तौर पर संविधान को ही देख लीजिए 26 जनवरी 1950 से इसके लागू होने से लेकर आज तक 105 बदलावों के साथ यह दुरुस्त नजर आता है। सोचिए संविधान ने देश की बदलती व्यवस्था के अनुसार न्यायपालिका और विधायिका के जरिये बदलाव न किये होते या फिर बदलावों का आकलन नहीं किया होता तो यकीन मानिए यह संविधान अब तक अप्रासंगिक सा हो जाता।

इससे हम एक बात स्पष्ट रूप से समझ सकते हैं कि आकलन हमें कुछ स्थितियाँ स्पष्ट करता है जैसे हम बदलाव के जरिये कहाँ तक पहुँचे हैं? बदलाव में वांछित परिणाम आये कि नहीं? अब क्या और बदलाव संभव है? और बेहतर कैसे बना जा सकता है?

इसलिए आप भी व्यक्तिगत रूप से समाज और राष्ट्र की प्रगति चाहते हैं तो बदलाव कीजिए, वो भी ऐसे बदलाव जिनमें समयानुसार

आकलन भी किया जा सके, और आकलन के अनुसार पुन: बदलाव भी किया जा सके।

आजकल स्कूली शिक्षा में भी आकलन का बड़ा महत्व है यहाँ बच्चों के सीखने की प्रगति का नियमित अंतराल पर आकलन किया जाता है ताकि उसकी योजना में आवश्यक संशोधन करते हुए सुधार प्रक्रिया को अनवरत बनाया जा सके। आजकल बच्चों के सर्वांगीण विकास को समर्पित नई शिक्षा नीति में 360 डिग्री आकलन की व्यवस्था की गयी है तो बच्चे के सर्वांगीण विकास को रेखांकित करते हुए एक जिम्मेदार और सम्पूर्ण व्यक्तित्व का निर्माण करना है।

राष्ट्रीय योजनाओं से लेकर लोक कल्याण में संचालित योजनाओं की सफलता भी अनवरत किये जाने वाले आकलनों पर निर्भर है क्योंकि इनके जरिये ही आवश्यक बदलाव किये जाते हैं और यही संशोधन योजना की प्रासंगिकता के साथ योजना की सफलता को भी सुनिश्चित करती है।

अखिल भारतीय सांगलिया पीठ भी सामाजिक बदलावों से लेकर व्यक्तिगत जीवन में हो रहे बदलावों की समीक्षा करते हुए आगे बढ़ने की प्रेरणा देते नजर आते हैं।

स्वामी ओमदास जी महाराज बतलाते है कि कभी समाज का हिस्सा रही सामाजिक परम्पराएँ समय बदल जाने के कारण नई सामाजिक व्यवस्थाओं में अप्रासंगिक हो गयी। जैसे पुरानी कर्म-काण्ड वाली धार्मिक व्यवस्था में मृत्यु-भोज और श्राद्ध पितृ जनों के प्रति सम्मान था लेकिन अब इसे गिद्ध-भोज के रूप में सामाजिक व्यवस्था द्वारा माना जाने लगा तो पितृ जनों के प्रति सम्मान के रूप गौ-स्वागणियों का आयोजन किया जाने लगा है तो विद्यालयों में

भौतिक संसाधन जुटाने के साथ गरीब बच्चों को स्टेशनरी, वस्त्र आदि उपलब्ध करवाए जा रहे हैं। जो इस संदर्भ में सामाजिक संवेदशीलता के साथ सामाजिक आकलन को रेखांकित करता है।

ठीक इसी तरह प्राचीन सामाजिक व्यवस्था में सहकारिता भाव से ब्याह शादी जैसे कारज किये जाते थे जिसमें किसी के घर में काम होने पर परिवारजन व रिश्तेदार आर्थिक-सामाजिक सहायता देते थे जिसे न्यूता लेना/देना माना जाता था आर्थिक व्यवस्थाएँ बदली तो लोग इस प्रथा को बंद करने लगे है यानी सामाजिक ताने-बाने में जो भी बदलाव हुए है उनके पीछे विभिन्न आकलनों की पृष्ठभूमि नजर आती है

वर्तमान पीठाधीश्वर श्री ओमदास जी महाराज शिक्षा और संस्कारों के जरिये बदलाव की जहाँ पैरवी करते नजर आते हैं साथ ही आप स्व-आकलन के जरिये व्यक्तिगत से लेकर सामाजिक बदलावों की समीक्षा करने की बात कहते हैं। श्री ओमदास जी महाराज का मानना है कि अवांछित व अप्रासंगिक सी नजर आने वाली हरेक विषय-वस्तु के जीवन से हटा दिया जाना चाहिए साथ ही उनके स्थान पर सकारात्मक और उपयोगी विषय वस्तु का समावेश किया जाना चाहिए ताकि आकलन के जरिये बदलाव की सार्थकता और औचित्य को सही साबित कर सके।आपके मुखारबिंद...

**'समझ को बरत सूप, हिरदा माँहि देख्यों हरि।
सोई स्वयं स्वरूप, ओळख लियो ओगदास।'**

॥ जय साहेब की ॥

14

पूर्वाग्रहों से मुक्त होना बदलाव की प्रथम सीढ़ी

आपने देखा होगा कि कई लोगों को दुनिया भर की चीजे संभालकर रखने का शौक होता है। जिन चीजों को बाकी लोग दो कौड़ी के बराबर भी महत्व नहीं देते हैं, वे उन्हें भी अनंत काल तक संभालने की जिद पाले रखते हैं गैर जरूरी चीजों के ज्यादा चिपकने की यहीं आदत नुकसानप्रद होती है।

पहला नुकसान यह है कि जो पुरानी और बेकार चीजों से घिरे रहने के चलते नई चीजों को अपने भीतर समाहित करने क्षमता खत्म हो जाती है।

दूसरा नुकसान यह है उस चीज को अपने पूर्ण अधिकार और नियंत्रण में रखना चाहता है तो वह आत्मकेन्द्रित ही बना रहता है दानशीलता का भाव नहीं रहता है। यानी ये लोग वसुधैव कुटुम्बकम की अवधारणा के विपरीत कार्य करते हैं।

बदलाव- चरित्र से लेकर चेतना तक

तीसरा नुकसान यहाँ यह भी है कि ये लोग भविष्य की चिंताओं में लगे होते हैं और अपने वर्तमान को भी भविष्य की चिंता में बर्बाद कर देते हैं। वो यह सोचते ऐसा प्रबंध कर लिया जाए कि भविष्य में कोई समस्या आये ही नहीं जबकि ऐसा होता नहीं है। इस चक्कर में फँसकर वह न तो वर्तमान जी सकता है न ही भविष्य को सुधार पाता है।

सफाई भी दोहरी होनी चाहिए बाहरी और भीतरी। बाहर की सफाई से बेहतर है भीतर की सफाई। बाहर की सफाई यदि एकाध बार नजर अंदाज भी कर ली जाए तो शायद कोई बहुत फर्क नहीं पड़ेगा। लेकिन यदि भीतर की सफाई को नजर अंदाज कर दी या नियमितता नहीं रखी गयी तो यकीन मानिए व्यक्तित्व विकृत हो जाएगा और मानसिक-बौद्धिक चेतना शून्यता की स्थिति आ जाएगी या फिर विकृति आ जाएगी।

भीतर की सफाई बेहद जरूरी है यह किसी व्यक्ति को पूर्वाग्रहों के बंधन से मुक्त करता है। यदि भीतरी सफाई न की गयी तो धीरे-धीरे पूर्वाग्रहों के बंधनो/पाशों में बँध जाएँगे और कुंठित सा व्यक्तित्व निर्माण होगा। हमें यह भी बात होना चाहिए कि जो पूर्वाग्रह बनते हैं वे एक दिन में नहीं बल्कि धीरे-धीरे करते हुए हर रोज बनते हैं इक्ट्ठे होते जाते हैं और हमारी चेतना और बुद्धि को खा जाता है।

पूर्वाग्रह की स्थिति में हम है या नहीं इसकी पहचान हमारे धर्म, जाति, सम्प्रदाय, नस्ल, भाषा, लिंग, वर्ग इत्यादि को लेकर होने वाले भेद-भाव के आधार पर न केवल महसूस की जा सकती है बल्कि इसके अतिवादी परिणाम भी दृष्टिगत होते हैं।

वर्तमान दौर पूर्वाग्रहों का ही दौर है जिसमें अधिकतर लोग

पूर्वाग्रह से ग्रसित होकर कुंठामई जीवन जी रहे हैं। किसी एक पक्ष को ही पूर्ण सच्चाई मानकर उसे न केवल मन-मस्तिष्क में समाहित करते हैं बहस से लेकर घृणा वाक्यों में भी तब्दील कर देते हैं।

इसलिए पूर्वाग्रहों के झोलों को न केवल कबाड़ में डालने की जरूरत है बल्कि उन्हें अपने परिवेश में भी हटाने होंगे।

अभी जो भी दुनिया में तनाव की स्थितियाँ बनी हुई है वो सभी को तनाव के माहौल की ओर ले जाती है।

दुनिया के किसी कोने में साम्प्रदायिक उन्माद से लेकर बड़ी लड़ाइयाँ हुई है वे सभी कहीं न कहीं पूर्वाग्रहों से भरे, दिमाग की उपज मात्र ही नजर आती है।

इसलिए इन झगड़ों की मूल यानी दिमाग में भरे उस कचरे को हटाना जरूरी है जो पूर्वाग्रह के रूप में पहचाना गया है। मनोविज्ञान के दृष्टिकोण में पूर्वाग्रह वे रूढ़ धारणाएँअवधारणाएँ हैं जो बिगड़ी हुई अभिवृति के रूप में मानी जा सकती है।

यहाँ यह बात तो निश्चित हो चुकी है कि पूर्वाग्रह और बिगड़ी हुई अभिवृत्तियाँ हमारी उन्नति के बाधक तत्व है तो यहाँ यह सवाल पैदा होता है कि इन पूर्वाग्रहों से बाहर कैसे निकला जाए?

पूर्वाग्रहों से बाहर निकलने की कुछ विशेष विधियाँ हैं जिनकी पालना से दिमाग के कचरे की सफाई की जा सकती है।

पश्चिम एक विचारक, रेने डेकोर्ट ने 17 वीं सदी में एक विधि दी जिसके सहारे पूर्वाग्रहों से मुक्त हुआ जा सकता है वह विधि है "संदेह विधि"।

 बदलाव- चरित्र से लेकर चेतना तक

जी हाँ संदेह विधि की मूल या सार तत्व यह हैं कि व्यक्ति को अपने प्रत्येक विश्वास पर तब तक संदेह करना चाहिए जब तक कि विश्वसनीय प्रमाण हासिल न हो जाए। जिन बातों के पीछे कोई ठोस सबूत, तर्क, तथ्य नहीं हो उन बातों को खारिज करना तथा सबूत-तर्क-तथ्य के पोषण से सम्पन्न बातें ही आत्मसात करना बुद्धिमानी है, यही विवेकशील लोगों की केवल पहचान है बल्कि उनके आगे बढ़ने का आधार भी है।

इसी तरह एडमंड हुस्सर्ल से 20 वीं सदी में "ब्रेकेटिंग विधि" को बतलाते हैं वे कहते हैं कि निष्कर्ष तक पहुँचने की प्रक्रिया में हमें सभी पूर्वमान्यताओं व पूर्वाग्रहों के प्रति तटस्थ हो जाना चाहिए।

इसी विधि को भारतीय दर्शन ने भी अपनी भूल में रखा है वैदांती दार्शनिक शंकराचार्य ने "साक्षी-भाव" विधि से पूर्वाग्रहों से मुक्त रहने का आधार दिया। साक्षी-भाव व्यक्ति में आत्म-विश्लेषण और आत्म-मूल्यांकन की उस विधि को बतलाया गया है जिसमें व्यक्ति अपनी आत्मप्रशंसा यानी आत्मश्लाघा में डूबे बिना अपनी अच्छाइयों और कमियों का तटस्थ रहते हुए विश्लेषण करता है साथ ही कमियों को कम करते हुए नगण्य या शून्य करना चाहता है वहीं अच्छाइयों का आत्मसात करना होता है।

खुद के भीतर की तराश या भीतर की सफाई अनवरत चलने वाली प्रक्रिया है इसमें किसी प्रकार का ठहराव नहीं होना चाहिए। हमें अपनी उन आदतों पर भी विचार करना चाहिए जिन्हें किन्हीं कारणों से बचपन से जीवन का हिस्सा बना लिया है। यदि तर्क-सबूत-तथ्य के आधार पर वे सही है, तो उन्हें निरंतर रखना चाहिए अन्यथा उन्हें करने की प्रक्रिया में दूर उतरना चाहिए।

हो सकता है लम्बे समय से बनी आदतों को छोड़ते समय बेचैनी को जरूर होगी लेकिन किंचित भी घबराना नहीं चाहिए। इसके पश्चात व्यक्तित्व में जो निखार आता है वह बौद्धिक परिपक्वता, मानसिक सजगता लिये हुए होगा।

संत कबीर दास इस संदर्भ में कहते हैं...

"बुरा जो देखन में चला, बुरा न मिलया कोय।
जो दिल खोजा आपना, मुझसे बुरा न कोय!!"

इसी सिद्धान्त और विचारधारा को आत्मसात करती अखिल भारतीय सांगलिया पीठ भी भीतर की यानी अंतर्मन की सफाई पर जोर देती है।

वर्तमान पीठाधीश्वर श्री ओमदास जी महाराज के मुखारबिंद...

"समझ को बरत सूप, हिरदा मांहि देख्या हरि।
सोई स्वयं स्वरूप, ओळख लियो ओगदास॥

अंदर बसत अनूप, बंशी गुरु सैन बताई।
सोई स्वयं स्वरूप, ओळख लियो ओगरास॥

साहब हरपल साथ, सैन समझाई सतगुरु।
निरख्यों नित्य नाथ , ओळख लियो ओमदास।।

उर रहता उल्लास, दर्शन करूँ निज देव का।
प्रीतम रहता पास, ओळख लियो ओमदास।।"

यानी श्री ओमदास जी महाराज का मानना है कि यदि अपने भीतर के द्वंद्वों और कुंठाओं पर विजय पा ली तो यकीन मानिए यह

    बदलाव- चरित्र से लेकर चेतना तक

दुनिया फतेह करने के बराबर ही है। सब कुछ भीतर है उसे पहचानने की जरूरत है गलत को हटाना तथा सही को आत्मसात करना ही जीवन मंत्र है।

"साहब घर घर रमत है, आँख माँयली खोल।
दर्शन कर निज रूप का, अवसर है अनमोल।"

॥ जय साहेब की॥

15

भारतीय संस्कृति की जड़े कितनी गहरी

सभ्यता का विकास हुआ तो हिमालय की कंदराओं से निकलने वाली सिंधु नदी के किनारे यहाँ बसने वाले आदिवासी/मूल वासी लोगों ने सामाजिक ताने-बाने के बुनने की शुरुआत आज से करीब-करीब 5-6 हजार साल पहले की थी जो इतिहास के पन्नों में दर्ज है वैसे भारतीय दर्शन और वैदिक स्रोत इससे पूर्व की के समय खंड का जिक्र करते है। यदि हमें इसकी मूल को पहचानने के लिये सरसरी नजर दौड़ाये तो सिंधु घाटी सभ्यता और उसके बाद के वैदिक काल और महाजनपद काल तथा आधुनिक ताने बाने के तौर पर राजपूत काल, मुगल काल, ब्रिटिश शासन और लोकतांत्रिक स्वरूप के जरिये समझा जा सकता है। भारतीय समाज और यहाँ की संस्कृति अनुपम है जिसकी व्याख्या अलग-2 कालखंडों मे गुणीजनो ने की है जो काफी हद तक ठीक है लेकिन भारतीय समाज और संस्कृति की सम्पूर्ण व्याख्या करने में असमर्थ है। इसका मुख्य कारण भारतीय समाज एवं संस्कृति की बहुलता और विविधता होना है।

वास्तव में भारतीय समाज बहुधर्मी बहुजनी और बहुरंगी समाज है इसे हमेशा से ही राजनीतिक शक्ति से संगठित देश और राष्ट्र-राज्य का स्वरूप लेता आया है। इस देश की भिन्नता और बहुलता इतनी अधिक नजर आती है कि सामाजिक ताने-बाने में कई बार संघर्ष, द्वंद्व, तनाव आदि की स्थिति पैदा कर देती है।

वैश्विक परिवर्तन और विचलनकारी प्रवृत्तियों ने भारतीय सांस्कृतिक स्वरूप और सभ्यता को प्रभावित किया है। परम्परागत सामाजिक संस्था जैसे परिवार, विवाह और नातेदारी के महत्व में निरंतर गिरावट पैदा की है। सात जन्म के वादे से जुड़ने वाले भारतीय वैवाहिक संबंधों में शादी के 2-5 साल में ही तलाक की प्रवृत्तियाँ लगातार बढ़ती ही जा रही है।

भारतीय सनातन संस्कृति 5000 सालों के अपने अनुभवों का औसत रहा है जो विभिन्न परिवर्तनों के जरिये परम्पराओं का आधुनिकीकरण कर गया जिसमें व्यक्तिवादी सोच का प्रभुत्व होना हो या फिर परलौकिकता के स्थान पर इहलौकिकता का आ जाना हो या फिर विदेशी संस्कृतियों का प्रभुत्व हो।

इसी कारण मूल भारतीय सांस्कृतिक स्वरूप निरंतर कमजोर ही होता जा रहा है ऐसे में ऐतिहासिक और सांस्कृतिक रूप से समृद्ध भारतीय समाज आज संक्रमण, आशा-निराशा के दोराहे पर खड़ा नजर आता है। इतना होने के बावजूद आधुनिकता के मिश्रण वाला भारतीय समाज अनुपम, विशिष्ट और विविधता से भरा नजर आता है। यह समाज उस दरखत की भाँति है जिसकी कुछ शाखाएँ सूख भी रही है तो कुछ शाखाओं में नए फुटान उम्मीद की किरण भी दिखा रहे हैं।

इसलिए यहाँ यह जरूरी है कि हमारी सनातनी अनुशासित आदर्श जीवन को समर्पित सामाजिक सांस्कृतिक परम्परा को पुनः सींचा जाए। हमें अपने इतिहास के पन्नों को खंगालने की जरूरत है जहाँ चार आश्रम व्यवस्था, जीवन लक्ष्यों के। समर्पित चार पुरुषार्थ, सम्पूर्ण जीवन को दर्शाता सोलह संस्कार हो या फिर तीन ऋण हो से सभी बहुत बड़ा मार्गदर्शन देते हैं। संयुक्त परिवार की अवधारणा हो या फिर मूल से ब्याज को प्यारा दर्शाता दादा-दादी से उनके पोते-पोतियों का मधुर संबंध हो या इसी तरह का नाना-नानी से उनके नातियों तक पहुँचता चुम्बकत्व जो नैतिकता के वो पैमाने गढ़ा करता था जिसकी कल्पना केवल संयुक्त परिवार व्यवस्था करती थी आज का एकाकी परिवार पारिवारिक संबंधों को स्वार्थ-मूलक बन चुका है और उसे भी और अधिक एकाकी बनाने में मुट्ठी भर की मशीन ने कर दिया है जिसे आप और हम सेलफोन कहते हैं। घर में रहने वाले 3-4 सदस्य आपस में बात करने के लिये चौपाली चर्चा नहीं कर पा रहे हैं वे तो चैटिंग के जरिये संदेश पहुँचा रहे हैं जहाँ सूचना है भावना नहीं। जब जब भारतीय संस्कृति और सभ्यता को खतरा महसूस हुआ तब-तब कि बहुत से चेतना सम्पन्न सनातन संस्कृति के वाहकों ने समान का मार्गदर्शन किया। इसमें संत-संन्यासियों का योगदान अतुलनीय रहा है। आज से करीब 150 साल पहले स्वामी दयानन्द सरस्वती ने जहाँ धर्मांतरित हुए लोगों को शुद्धिकरण कर पुनः घर वापसी करवायी तो विदेशी आक्रांताओं के डर से उपजी-बाल विवाह प्रथा और सती प्रथा के उन्मूलन के लिये हरविलाश शारदा और राजाराम मोहन राय ने जन-मन को टटोला और ब्रितानी हुकूमत से कानून बनवाये और जन चेतना फैलाई।

इसी भावनाओं को अपने भीतर थामें अखिल भारतीय सांगलिया पीठ जो करीब 500 सालों से समाज का मार्गदर्शन

करती आ रही है। विभिन्न व्यसनों की गिरफ्त में आये युवाओं को जहाँ प्रवचनों और भजनों के जरिये करीब 500 सालो से मुख्यधारा में लाने का अभूतपूर्व प्रयास किया है। साथ ही धर्म यानी कायदों में बँधे रहने की सीख हरेक संत बतलाता करता आया है। अभी जब भी किसी दरख़्त की जड़ों के कोई कीड़ा लगता है तो उस समय उसे अतिरिक्त सिंचाई की भी जरूरत रहती है तो वहीं अच्छे कीटनाशक की भी जरूरत रहती है। कीटनाशक जहाँ कीड़ों को नष्ट करता है तो वही अतिरिक्त सिंचाई नई जड़ों के फुटान को बढ़ावा देता है ताकी के दरख़्त अपनी क्षमता के अनुसार आकार ले सके।

इसी तर्ज़ पर अखिल भारतीय सांगलिया पीठ की सर्वंगी सम्प्रदाय वाली संत परम्परा काम करती है। नर-नारी को समान महत्व देता यह सम्प्रदाय जहाँ अपने संस्थापक संत श्री लक्कड़ दास जी महाराज के अर्द्धनारीश्वर रूप से समाज को मार्गदर्शित करता है तो एक हाथ में चूड़ी और दूसरे हाथ में त्रिशूल/दंड थामे धूनी के संत इस परम्परा का न केवल प्रतीकात्मक संवहन कर रहे हैं

बल्कि प्रतिमाह अमावस्या और पूर्णिमा को भरने वाले मासिक मेलों तथा 2 बार भरने वाले लक्खी मेलों में श्रद्धालुओं के सैलाब में नर-नारी की समसंख्यक भीड़ इस बात को प्रमाणित करती है।

सर्वंगी सम्प्रदाय जाति, धर्म, वर्ग आदि के भेद-भाव से पर मानव जीवन की गरिमा को अपने भीतर धारण किये हुए हैं। यहाँ की अभिवादन "जय साहेब की" न केवल अभिवादन वाक्य है बल्कि परम् सत्ता को सर्वोच्च सत्ता मानते हुए संतों से लेकर श्रद्धालुओं तक महसूस किया जा सकता है। साथ ही बिना किसी VIP कल्चर के समान भाव से बायें हाथि पर रक्षा सूत्र (कलावा) बाँधकर भभूत व मखाने-नारियल गिरी का प्रसाद वितरण किया जाता है।

खास बात यह भी है कि अमावस्या और पूर्णिमा के साथ-साथ लक्खी मेलों में देश भर से उमड़े श्रद्धालुओं को सर्वंगी सम्प्रदाय के विभिन्न संतों द्वारा स्वरचित भजनों व प्रवचनों के जरिये नैतिकता और अध्यात्म की दुनिया के करीब ले जाने का प्रयास किया जाता है। जहाँ स्वामी खींवादास जी महाराज राज्य और राज्य के बाहर संत समागमों में पहुँचकर आमजन तक भजनों के जरिये नैतिकता और अध्यात्म की शिक्षा पहुँचाने का अभूतपूर्व प्रयास किया तो वहीं वर्तमान संत और अखिल भारतीय सांगलिया पीठ के मुखिया स्वामी ओमदास जी महाराज भजनों के अलावा शिक्षण संस्थाओं के विभिन्न आयोजनों के जरिये नैतिकता और आध्यात्मिक शिक्षा की पैरवी करते नजर आ रहे हैं। आप स्वयं उच्च शिक्षित संत है लिहाजा भौतिक विषयों के साथ-साथ आध्यात्मिक और नैतिक मूल्यों के त्वरित संचार के लिये जनचेतना कार्यक्रमों की भी आयोजन करवा रहे हैं। आप दहेज प्रथा और मृत्यु-भोज को सीमित करते हुए बंद करने की पैरवी कर रहे हैं साथ ही इस बचत को समाज की भलाई के लिये लगा रहे

कबीर का दोहा...

"जाति हमारी आत्मा, प्रान हमारा नाम।
अलग हमारा इष्ट है, गगन हमारा ग्राम॥"

स्वामी ओमदास जी महाराज का मानना है कि यदि हमें भारतीय संस्कृति और सभ्यता को नष्ट होने से बचाना है तो शिक्षण संस्थानों और पारिवारिक संस्था से शुरूआत करनी होगी। जिस देश की युवा पीढ़ी संभल जाएगी यकीन मानिए दुनिया में उस देश का परचम लहराना लाजिमी है।

"ओम कहे संसार में, सांगलपति दरबार।
छुआछूत माने नहीं, ऊँच-नीच इकसार॥"

॥ जय साहेब की॥

16

माँगना सफलता का एक स्तंभ है

प्रथम दृष्ट्या माँगना शब्द अपने आप में हीनता का भाव देता है क्योंकि माँगने को लेकर हमारी धारणाएँ ही कुछ ऐसी है। क्यों वैसे इस संदर्भ में हमारी संकीर्ण सोच यह बतलाती है कि माँगना मतलब कोई छोटी-मोटी चीज रुपया पैसा, गाड़ी मोटर आदि माँगना है जो माँगने का हिस्सा है वो भी तलछट को बतलाता हिस्सा।

माँगना रचनात्मक प्रक्रिया का पहला कदम है इसलिए माँगने की आदत डाल ली जानी चाहिए। माँगने को लेकर व्यापक अर्थ को टटोलें तो पायेंगे कि अगर आपको विकल्प चुनना है और आप तय नहीं कर पा रहे हैं कि क्या करना चाहिए ऐसे में आप किसी से मार्गदर्शन माँगते हैं। यदि आप कहीं जा रहे हैं तो किसी तिराहे-चौराहे पर गन्तव्य का जिक्र कर आगे की राह पूछने के लिये किसी का मार्गदर्शन माँगते हैं तो मार्गदर्शन माँगना बुरा तो नहीं। हरेक सफल व्यक्ति के अनुभव जब नौ-शिखिया माँगने लगता है तो उसे मंजिल

 बदलाव- चरित्र से लेकर चेतना तक

तक पहुँचने में कम कठिनाई होगी, कम समय लगेगा। दुनिया में जहाँ भी सभ्यता और संस्कृति का विकास हुआ उसका आधार मार्गदर्शन माँगने से हुआ है। आपको जीवन के किसी भी क्षेत्र में असफल होने की जरूरत नहीं है आप बस माँगने पर केन्द्रित रहिए। माँगना भी ऐसा न हो जो वस्तु आदि पर केन्द्रित हो यदि ऐसा हुआ तो आप भिखमंगे ही हो पायेंगे। माँगने का एक दायरा हो उसकी सीमा हो। जिस प्रकार किसी रेस्त्राँ में जाकर वहाँ के कैटलॉग को देखकर ऑर्डर दिया जाता है और एक बार ऑर्डर देने पर बार-बार आर्डर देने की जरूरत नहीं रह जाती है आपका काम एक बार में ही हो जाता है। ठीक इसी प्रकार आपको जो कुछ बनना है या जो कुछ होना है उसके लिये आपको ब्रह्मांड से अपनी माँग बता देनी है। यानी आप ब्रह्मांड यानी अपनी असीम क्षमताओं योग्यताओं के सामने अपनी माँग रख देते हैं तो इस संदर्भ में अदृश्य शक्तियों सहित आपका मानसिक और भौतिक परिवेश उस मनचाही चीज को आप तक पहुँचाने में जुट जाता है।

वैसे ब्रह्माण्ड वह आईना है जिसके सामने आप जो कुछ काम करते हैं, बोलते हैं, सोचते हैं वो सब कुछ चुम्बकीय आकर्षण के सिद्धांत के अनुसार रचनात्मक प्रक्रिया का हिस्सा बन जाता है।

और तमाम परिस्थितियाँ, परिवेश के लोग और समकालिक घटनाएँ अनुकूल होने लगती है आपकी माँगी गयी वस्तु मिलने की संभावनाएँ बढ़ जाती है।

आप जो चाहे पा सकते हैं बशर्ते आप उसे अपने विचारों के ताने-बाने में टालने का तरीका जानते हैं। दुनिया का ऐसा कोई सपना नहीं जो साकार न हो सके, बशर्ते आप अपनी सम्पूर्ण रचनात्मक शक्ति का उपयोग उस ओर करने लग जाए। आपके पास

जो है वह पर्याप्त है उस सफलता को पाने के लिये। ब्रह्माण्ड में आप मनचाही चीज पाने या उस तक पहुँचने के लिये खुद को रिस्टार्ट कीजिएगा और इसके लिये आपको माँगना आना जरूरी है, प्राचीन काल से ही साधु संन्यासियों में भीक्षाटन की नैतिक आदत भरी जाती थी कि पहले तो उनमें दुनियावी सफ़र का आभास कराया जा सके दूसरा उनमें अभिमान का भाव शून्य किया जा सके। साथ ही माँगना उस ट्रेनिंग का हिस्सा होता था जिसमें वे अपने गुरुजनों से मार्गदर्शन लेकर भौतिकवादी दुनिया से पारलौकिक संसार तक जाने का रास्ता चुन सकते थे।

अखिल भारतीय सांगलिया पीठ के पीठाधीश्वर संत स्वामी ओमदास जी महाराज कहते हैं कि 500 वर्ष पुरानी इस धूनी की संत परम्परा में भीक्षाटन मूल दैनिक दिनचर्या का हिस्सा हुआ करता था जिसने साधु प्रभात फेरी के रूप में गाँवों में घूमते थे जिससे वहाँ की सांसारिक परिस्थिति से आत्मसात होने का अवसर मिल जाता था तो वहीं अभिमान की स्थिति शून्य तक रह जाने की गारंटी हुआ करती थी।

पुराने समय में वस्तु विनिमय चला करता था जिसमें वस्तु अदला-बदली के लिये एक-दूसरे पर निर्भर रहना होता था सहकारिता का भाव था, गाँव की अधिकांश आवश्यकताएँ गाँव में ही पूरी हो जाती थी लेकिन धीरे-धीरे समय बदला और ग्लोबलाइजेशन के इस दौर में लोग आत्म केन्द्रित बन गये, माँगने की प्रवृत्ति मिट गयी, अब कहीं माँगने की प्रवृत्ति है तो लौटाने की नहीं है जो लूटने जैसी हो गयी है। अब लोग चले ही जा रहे हैं रास्ते का पता है नहीं, और न ही मार्गदर्शन माँगने की जरूरत है। जो हर जगह नजर आता है। किसान खेती करता है लेकिन जब चौपाल यानी हथाई पर बैठता है तो चर्चा का केन्द्र खेती किसानी नहीं होती

है वहीं कोई और उद्यमी बैन है तो वह भी अपने दायरों से हटकर अन्य बेजा बातों में लगा है यानी यहाँ न तो रचनात्मकता है न ही उत्पादकता, इसका मूल कारण न माँगने की प्रवृत्ति।

विभिन्न शिक्षण संस्थाओं में गुरु-शिष्य का संबंध लेक्चर सुनने, उसे रटकर उत्तर देने तक सीमित रह गया है जिसमें 90-95 प्रतिशत के आँकड़ें तो आसानी से छू लिये जाते हैं लेकिन ज्ञान, बुद्धि, विवेक के पैमाने पठारी भाव लिये हुए है। उसका मूल कारण न माँगना ही है। यहाँ माँगना उस जिज्ञासा को इंगित करता है जो नचिकेता के समान हरेक बालक में होनी चाहिए कि कैसे नचिकेता जैसा सामान्य बालक पारलौकिक दुनिया से रूबरू हुआ यमराज से मुलाकात भी हुई, जिज्ञासा भी शांत हुई, और लोटकर वापस भी आया गया।

स्वामी ओमदास जी महाराज का कहना है कि युवा शक्ति जिस पर देश के संचालन का भार है वह उचित मार्गदर्शन के अभाव में अपनी चेतना और चरित्र को नुकसान पहुँचा रहे हैं वे अपनी क्षमता और योग्यता के अनुरूप अपने जीवन के लक्ष्य निर्धारित नहीं कर पा रहे हैं।

स्वामी ओमदास जी महाराज अखिल भारतीय सांगलिया पीठ के अधीन संचालित बाबा खींवादास स्नातकोत्तर महाविद्यालय में नियमित रूप से प्राध्यापकों प्रबंधक टीम व बच्चों से संवाद करते हुए उस वातावरण का निर्माण कर रहे हैं जिसके जरिये बच्चों में नैतिकता और अध्यात्म के उच्च मूल्य भरते हुए भावी पीढ़ी का मजबूत आधार लिये जिम्मेदार नागरिक निर्माण किया जा सके। साथ ही विद्यार्थियों में जिज्ञासा को जगाने और जिज्ञासा के तहत उपजी हलचल को पूरा करने के संदर्भ में एक मजबूत बैकप तैयार

करने का बीड़ा उठा रखा है जिसमें बच्चों को जीवन में और अधिक सीखने व आगे बढ़ने के लिये माँगने यानी मार्गदर्शन की ओर जाने का समुचित प्लेटफॉर्म उपलब्ध कराया जा सके।

स्वामी ओमदास जी महाराज का कहना है कि यदि आपने ब्रह्माण्ड में अपनी माँग रख दी है तो वह चीज आप तक भेजी जाएगी जिसका सम्पूर्ण आधार आपके मनु मस्तिष्क में उपजती रचनात्मक और सकारात्मक तरंगों से तय होगा। वैसे यह ब्रह्मांड भावनाओं से संचालित है। अगर आप सिर्फ बौद्धिक दृष्टि से किसी चीज में यकीन करते हैं लेकिन आपके मन में उसके अनुरूप भावना नहीं है तो हो सकता है कि आपके आग्रह में इतनी शक्ति न हो कि आप अपनी मनचाही चीज को अपने जीवन में साकार कर सके। जब आपने किसी चीज को माँग लिया है चाहे वह वस्तु, क्षमता, योग्यता, पद आदि कुछ भी हो तब उसे पा चुके होने का भाव अपने यकीन में डालना है धीरे-धीरे उससे जुड़ी हरेक चीज आपके अनुकूल हो जाएगी।

इसलिए आपको सफल होना है तो माँगने की कला यानी भिक्षुक प्रवृत्ति होनी ही होनी चाहिए चाहे आपका विद्यार्थी जीवन हो या फिर सामाजिक या व्यवसायिक जीवन।

**"ओम कहे चेतो करो, करो पक्को ईलाज।
कुप्रथाये बंद करो, सुधार ल्यो समाज॥"**

॥ जय साहेब की॥

17

क्षमा करे– खुद को भी, दूसरों से भी

क्षमा करना किसी चीज के लिये कुछ देने जैसा है। प्रेम शांति, खुशी, बुद्धि और जीवन की सारी नियामतें तब तक दूसरों को दे जब तक कि आपके दिमाग में कोई देश न बने। यह क्षमा की एसिड टेस्ट ही है।

किन्हीं कारणों से यदि कोई गलती हो भी जाए, कोई अपराध घटित हो भी जाए तो उसे ताउम्र मलाल और अपराध बोध के सहारे नहीं ढोया जाता, बल्कि उसे भूलते हुए आगे बढ़ जाना होता है जिस प्रकार एक बच्चा कोई शरारत करने के बाद कसूरवार महसूस करता है लेकिन घंटे आधे घंटे में ही सब भूल-भाल जाता है ऐसा ही प्रयोग हमें अपने भीतर के पर्यावरण के लिये करना चाहिए।

रामधारी सिंह दिनकर की काव्य रचना के एक अंश के सहारे क्षमा को महसूस कर सकते हैं...

"क्षमा शोभती उस भुजंग को,
जिसके पास गरल हो
उसको क्या जो दंतहीन,
विष रहित, विनीत, सरल हो॥"

क्षमा करने का गुण एक मजबूत व्यक्तित्व की निशानी होता है। यदि कोई व्यक्ति अपना आत्म मूल्यांकन कर पाने में सक्षम है तो वह किसी गलती, त्रुटि या अपराध की स्थिति में आ जाने पर जीवन के मार्ग का एक गति अवरोधक ही मानते हुए थोड़ा गति मंद करते हुए पुनः रफ्तार पा लेने की ओर बढ़ता है।

यदि कोई व्यक्ति अपनी गलतियों पर ही लगातार मंथन कर रहा है तो वह इस गलती या अपराधबोध के चलते अपनी सोच, विवेक और बुद्धि की धार को भौंतरा कर लेता है जो इस्पात पर जंग लगने जैसा ही है।

अपने व्यक्तित्व को मौलिक और उन्मुक्त बनाये रखने के लिये स्वयं को भी आत्मावलोकन के जरिये टटोलते रहना चाहिए और मलाल और अपराध बोध जैसे अतिरिक्त वजन को जीवन की गाड़ी से उतार देना चाहिए ताकि व्यक्तित्व का मौलिक स्वरूप बना रहे।

ऐसा कर पाने के लिये संतुलित व्यक्तित्व का होना जरूरी है विशेष रूप से नैतिक और आध्यात्मिक रूप से मजबूत व्यक्ति ही स्वयं को माफ कर सकता है अपने आप को परिमार्जित करते हुए बदलाव के पैमानों पर रख सके।

यदि आपके मन में किसी के खिलाफत के रूप में कुछ है तो तुम खड़े होकर प्रार्थना करें, क्षमा करें। दूसरों को क्षमा करने से मानसिक शांति और अच्छी सेहत बनी रहती है। अपने विचारों को

                                        बदलाव- चरित्र से लेकर चेतना तक

दैवी नियमों और व्यवस्था के सामंजस्य में लाकर खुद को क्षमा करें। खुद को क्षमा न करना सिर्फ आध्यात्मिक अहंकार और अज्ञात है।

आज की मनोवैदिक चिकित्सा में यह बतलाया गया है कि द्वेष, दूसरों की आलोचना, पश्चाताप और शत्रुता आदि कई रोगों का मूल कारण होता है। नकारात्मक भावनाओं के कारण शरीर की रोग प्रतिरोधक क्षमता प्रभावित होती है। इनका एकमात्र उपचार क्षमा करना ही है।

वैसे यहाँ यह स्पष्ट हो जाना चाहिए कि क्षमा करना एक कला है जो सामान्य व्यक्ति के बस की बात नहीं है यह मानसिक रूप से क्लीयर व्यक्तित्व का गुण होता है।

क्षमा करना न केवल कला है बल्कि यह तकनीक भी है। यह अच्छे अभ्यास से जीवन का हिस्सा बनता है। क्षमा करने वाले व्यक्ति का दिमाग शांत, शिथिल और स्वतंत्र होता है। क्षमा करने वाले व्यक्ति में किसी बात, घटना या तथ्य के हरेक पक्ष को जानने समझने की क्षमता मौजूद होती है।

जिस तरह कोई सुनार सोना-चाँदी की शुद्धता की जांच एसिड टेस्ट से करता है तो वैसे ही क्षमा करने वाला व्यक्ति भी क्षमा करने के उपरांत मनोवैज्ञानिक और आध्यात्मिक तरीके से उस घटना से बार-बार दिमाग में नहीं आने देता है। यदि कोई घटना बात, तथ्य बार-बार मन मस्तिष्क में जगह कर रही है तो यकीन मानिए वह शक्ति क्षमा के एसिड टेस्ट में असफल है।

अखिल भारतीय सांगलिया पीठ का सर्वंगी सम्प्रदाय क्षमा के सिद्धान्ति को न केवल आश्रम के साधु संतों में लागू करता है वह इस सिद्धांत को आमजन तक लागू करने के लिये भजनों, प्रवचनों

के जरिये जन-मन तक पहुँचना चाहता है।

स्वामी ओमदास जी महाराज स्वयं इस सिद्धांत को जीवन का आभूषण मानते है वे भक्तों से लगातर इस संदर्भ में कहते नजर आते है। आपका यह मानना है कि क्षमा न करने वाला व्यक्ति कुंठा भाव में एक बोझ तले जीता है जो जीवन की मौलिकता के साथ खिलवाड़ ही है, यह विकृत व्यक्तित्व का गठन करता ही है।

स्वामी ओमदास जी महाराज का कहना है कि किसी व्यक्ति को अपने व्यक्तित्व स सम्पूर्ण आकार लेना है तो उसे क्षमा के सिद्धांत का पालन करना ही चाहिए। क्षमा करना खुद के व्यक्तित्व की पॉलिश करना जैसा है। विशेष रूप से स्कूली शिक्षा के दौरान और पारिवारिक-सामाजिक जीवन में यह गुण बच्चों में स्थानांतरित किया जाना चाहिए क्योंकि कच्चे भांड पर ही रंग चढ़ता है और उसे पका दिए जाने पर चढ़ा रंग स्थाई बनता है। पकाने के उपरांत चढ़ाया जाने वाला रंग स्थायी नहीं होता है। यदि चरित्र से लेकर चेतना में बदलाव करना है तो क्षमा एक बड़ा गुण है जिसका आत्मसात करना ही चाहिए।

**"ओम कहे संसार में, साहेब मोटो जाण।
जिन पर कृपा साहेब की, रहे कभी ना हाण॥"**

॥ जय साहेब की ॥

18

गौ सेवा और वृक्षारोपण आदत बने

भारतीय संस्कृति के इतिहास पर नजर डाले तो पाने हैं कि गाय अघन्या (न मारने योग्य) माना गया है। प्राचीन काल में जब मुद्रा का प्रचलन नहीं था तब जिस व्यक्ति के पास गाय वंश जितना ज्यादा होता था वह उतना ही समृद्ध माना जाता था। जिस कबीले के पास जितना अधिक गौवंश होता था वह उतना ही अधिक सम्पन्न और प्रभावशाली माना जाता था। गाय का पंचगव्य यानी दूध, दही, घी, मूत्र और गोबर प्राचीन काल से लेकर वर्तमान तक मानव जीवन को प्रत्यक्ष-अप्रत्यक्ष रूप से प्रभावित करवा रहा है। गाय को माता कहे जाने के पीछे भी वैज्ञानिक आधार है गाय का दूध मानव दूध के समान ही गुणवत्ता लिये हुए होने के कारण इसे पौष्टिक और सम्पूर्ण पोषण के रूप में हर उम्र के मानव मात्र के लिये उपभोग योग्य सर्वोत्तम आहार माना गया है।

साथ ही गौमूत्र का रासायनिक संगठन उसे औषधीय महत्व देता

है जिसके चलते इसका उपयोग आयुर्वेद और प्राकृतिक चिकित्सा यानी नैचुरोपैथी में औषधी के रूप में किया जाता रहा है। उच्च रक्त चाप से लेकर कैंसर जैली दुर्साध्य बिमारियों के उपचार में गौमूत्र औषध के रूप में प्रयुक्त हो रहा है। इसी तरह दही और घी का भी महत्व स्वास्थ्य की उन्नति के रूप में वर्णित और अनुभूत है। गाय के गोबर को गोबरधन के रूप में दीपावली के त्योहार पर पूजन के रूप में प्रयुक्त किया जाता है। भारत एक कृषि प्रधान देश है जिसकी मूल में खेती किसानी है। खेती किसानी में फसल उत्पादन की बेहतरी के लिये गोबर खाद के काम में पौधों को पोषण प्रदान करता है तो फसल लहलहा उठती है और धन धान्य के भंडार भरने लगते है। भारतीय संस्कृति में खाना बनाते समय एक रोटी गाय के लिये अलग से रखना इस बात का सूचक है कि गाय हमारे जीवन का हिस्सा ही नहीं बल्कि यह एक पारिवारिक सदस्य भी हैं।

अखिल भारतीय सांगलिया पीठ अपनी स्थापना से ही गौवंश के संरक्षण और संवर्धन के लिये काम करता आया है। इस पीठ के अधीन वर्तमान में बाबा लक्कड़ दास गौशाला के रूप में एक विशाल गौशाला संचालित है जिसमें देशी नस्ल के गौवंश रह रहे हैं। इस गौशाला का संचालन अखिल भारतीय सांगलिया पीठ के द्वारा ही किया जाता है। आश्रम से गौशाला 200 मीटर की दूरी पर स्थित भव्य और दिव्य है जहाँ आधुनिक प्रबंधन का नायाब कार्य देखा और महसूस किया जा सकता है।

अखिल भारतीय सांगलिया पीठ के सेवादार और भक्तगण लगातार अपना अंशदान देकर व भौतिक रूप से भागीदारी करते हुए गौसेवा कर रहे हैं।

जब से लोगों में जन्मदिन आयोजन, वैवाहिक वर्षगाँठ आयोजन

की प्रवृत्ति बढ़ी है तब से भारतीय संस्कृति को नुक़सान पहुँचा है। यदि हम वैवाहिक वर्षगाँठ की बात करें तो यह पाते हैं कि यह तो भारतीय संस्कृति का कभी हिस्सा भी नहीं रहा है। भारत में विवाह सात जन्म के वादे से जुड़ने वाला वह संबंध है जिसका असर पीढीयों तक में लेकर नये संबंध निर्धारण के समय 2-4 साख यानी गौत्र टालकर यानी सगौत्र/नजदीक रक्त संबंध से दूर रिस्तेदारी तय करने का वैज्ञानिक आधार भी देता है। ऐसे में प्रतिवर्ष इस तरह का आयोजन मनाया जाना सूरज को दीया दिखाने जैसा कार्य है।

सांगलिया धूनी के संतों के सामने भी जब यह नई सामाजिक परम्परा आई तो आपने इसे अस्वीकार करने की बजाय इसे भारतीय संस्कृति से जोड़ने के लिये नवाचार के रूप में पहल की।

इसमें वैवाहिक वर्षगाँठ और जन्मदिन आयोजन से किये जाने वाली फिजूलखर्ची के स्थान पर सकारात्मकता और सृजनात्मकता से जोड़ने का प्रयास किया। उसी के तहत आपने ऐसे आयोजनों पर गायों को गुड़ खिलाना, गौ-स्वामणी के रूप में लापसी और बाँट यानी खळ चूरी आदि खिलाया जाने की नई परम्परा की शुरूआत की।

स्वामी ओमदास जी महाराज बताते हैं कि लम्बे समय से चल रहे इस नवाचार को विगत 5-6 साल में युवा पीढ़ी ने अपने कंधों पर ले लिया और गौ-स्वामणी परम्परा बन चुकी है जिसमें गायों के संरक्षण और संवर्धन का कार्य मजबूती से किया जा रहा है। स्वामी जी बता रहे हैं कि विगत चार सालों में अनवरत गौ स्वामणियों का आयोजन किया जा रहा है अब तो लगातार गौ-स्वामणियों की संख्या करीब 1500 पार हो चुकी है और अनवरत जारी है। गौ-स्वामणी के समय आयोजनकर्ता को धूनी के संतों और गौसेवा में

लगे सेवादारों द्वारा स्वागत सत्कार किया जाता है।

इसी तरह पर्यावरण संरक्षण और संवर्धन के लिये भी अखिल भारतीय सांगलिया पीठ के संतों द्वारा वर्षाकाल में वृक्षारोपण का विशेष अभियान चलाया जा रहा है साथ ही साल भर के विभिन्न आयोजनों में ऐसा करने के लिये प्रेरित किया जाता है।

स्वामी ओमदास जी महाराज स्वयं प्रकृति प्रेमी संत है आप अपने आश्रम के पीछे स्थित कृषि भूमि में अनेकों फलदार-छायादार पेड़ लगा रखे हैं और उससे स्थित सरकंडों की बनी झोपड़ी में विश्राम को प्राथमिकता देते हैं। सेवादारों से लेकर भक्तगणों से इन पेड़-पौधों की सुरक्षा की जिम्मेदारी महसूस की जा सकती है।

'ओम यह प्रकृति बचाओ, मत करो कभी छेड़।
धरती रहे हरी भरी, खूब लगाओ पेड़॥"

ऐसे में वर्तमान में बदत्तर हुई पर्यावरणीय दशाओं में अपने आप को सुरक्षित रखना है तो गौवंश से लेकर पर्यावरण संरक्षण के हर क्षेत्र में सकारात्मक सोच का प्रदर्शन करना होगा।

यदि हमें सकारात्मक सोच के जरिये बदलाव के बड़े पैमाने चुने हैं तो सामान्य सी दिखाई लेने वाली उन गतिविधियों के इर्द-गिर्द घूमना होगा जो हमारे चरित्र के साथ हमारी चेतना में भी बदलाव कर सके। स्वच्छ भारत अभियान के तहत जब सम्पूर्ण भारतवर्ष में स स्वच्छता की लहर उठी तो आज न केवल शौच क्रिया के लिये व्यक्तिगत से होकर सार्वजनिक शौचालयों की उपलब्धता व उपयोगिता सुनिश्चित हुई वैसे इतना बड़ा अभियान था तो ऐसा असर भी लाज़मी था लेकिन बड़ी बात यह हुई कि लोग डिस्पोजल कप, रेपर या अन्य सामग्री को निस्तारित करने के लिये घर, कार्यालय

बदलाव- चरित्र से लेकर चेतना तक

से लेकर सार्वजनिक स्थलों पर भी डस्ट बिन ढूँढने लगे। यानी पर्यावरण संरक्षण के एक घटक स्वच्छता को जहाँ चुना गया है तो इसे एक अभियान के तहत अगले 4-5 सालों में कोई 1-2 अरब पौधे लगाकर बड़ा संदेश वैश्विक स्तर पर दिया जाना आवश्यक बन गया है क्योंकि मानवता का भविष्य पर्यावरण पर टिका है।

उम्मीद है युवा पीढ़ी इसे सकारात्मक रूप से और निकट भविष्य में इसके बड़े परिणाम नजर आयेंगे।

"गुरु मूर्ति गति चन्द्रमा , सेवक नैन चकोर।
आठ पहर निरखत रहे , गुरु मूर्ति की ओर॥"

॥ जय साहेब की॥

19

सर्वंगी पाठशाला और बदलाव

सर्वंगी सम्प्रदाय की स्थापना करीब-करीब 500 साल पहले अखिल भारतीय सांगलिया पीठ द्वारा की गयी। यह सर्वंगी सम्प्रदाय उस समुद्र के समान है जिसमें हरेक छोटी-मोटी जलधारा समा जाए यानी जाति-पाति, धर्म, वर्ग भेद से परे वह दुनिया जिसमें सबके हित की बात की जाती हो। यह ठीक वैसी ही कल्पना है जो करीब 130 पाल पहले भारतीय संत स्वामी विवेकानंद द्वारा विश्व धर्म सम्मेलन में शिकागो में की थी, यहाँ उस वैश्विक धर्म की बात की गयी थी जहाँ दुनिया के हरेक धर्म की सर्वश्रेष्ठ विचारधारा-परम्परा का आत्मसात् हो। उससे भी पहले सर्वंगी सम्प्रदाय इस विचारधारा पर काम कर चुका था यही परिणाम रहा कि मुगल काल से लेकर अंग्रेजी हुकूमत और आजादी के बाद आज अनवरत रूप से सनातन संस्कृति के बड़े ध्वज वाहक के रूप में अखिल भारतीय सांगलिया पीठ खड़ी नजर आती है।

सर्वंगी सम्प्रदाय की विचारधारा में जहाँ जाति- पाति, वर्गभेद को मिटाने का प्रयास किया गया तो वहीं सामाजिक कुरीतियों के उन्मूलन के साथ-साथ यथोचित नई परम्पराओं को भारतीय संस्कृति से संसूचित करते हुए आत्मसात् भी करना रहा। प्राचीन काल में यानी आज से 50-60 साल पहले से पुराने समय में जब प्रत्यक्ष शिक्षा का रोल उस आबादी के बहुत छोटे हिस्सों में देखा जाता था तो उस समय ज्ञान और नैतिकता के साथ-साथ अध्यात्म को जोड़ते हुए गुरु-शिष्य परम्परा का निर्वहन किया जाता था तब सर्वंगी सम्प्रदाय बड़ी मजबूती से खड़ा नजर आता था। सर्वंगी सम्प्रदाय के संतों ने दूर-दूर तक के क्षेत्र विशेष रूप से शेखावाटी और मारवाड़ अंचल में अप्रत्यक्ष शिक्षा का स्वरूप लिये गुरु-शिष्य परम्परा खड़ी की थी जिसका सबूत आज भी हम अपने बुजुर्गों की जुबानी सुन सकते हैं। कोई अनपढ़ सा दिखाई देता बुजुर्ग कहता है कि मेरे गुरु सांगलिया धूनी वाले बाबाजी खीवादास जी महाराज रहे तो कोई किसी अन्य संत का जिक्र करता है।

जब इस संदर्भ में स्वामी ओमदास जी महाराज से संवाद हुआ तो आपने बताया कि प्राचीन काल में शिक्षा का मतलब आप के किताबी ज्ञान और पेन पेपर टेस्ट जैसा नहीं था वो शिक्षा का स्वरूप नैतिक शिक्षा, अध्यात्म और व्यावहारिक समझ के ईर्द-गिर्द घुमता सामाजिक पहिया था जिसकी मूल में मानव मात्र का कल्याण, उसकी सुख समृद्धि था। लोगों को जीवन की व्यवहारिकता और आध्यात्यिक दुनिया तक लाने के लिये भजन व प्रवचनों के जरिये संत सानिध्य में रहना होता था। स्वामी ओमदास जी महाराज कहते हैं कि बाबा खींवादास जी महाराज ने इस सम्प्रदाय को भजन प्रवचनों के जरिये जग प्रसिद्धि दिलाई जिसका परिणाम यह रहा कि बीसवीं सदी का उत्तरार्ध बेहद नैतिकता और आध्यात्मिक झुकाव

के साथ बाबा खींवादास जी महाराज के संत सानिध्य में सराबोर नजर आया।

स्वामी ओमदास जी महाराज यह भी बताते हैं कि औपचारिक शिक्षा के जरिये उच्च दक्षता युक्त मानव संसाधन यानी श्रेष्ठ नागरिक निर्माण के लिये, इस धूनी के शिक्षा को समर्पित संत स्वामी लादू दास जी महाराज ने गाँव ढाणियों में पाठशालाएँ खुलवाने के लिये आमजन को तैयार किया, सहकारिता व जन सहयोग से खड़े किये गये से शिक्षा के मंदिर नैतिकता, अध्यात्म और आधुनिक शिक्षा के वे केन्द्र बने जो आगे चलकर राजस्थान को विशेष रूप से शेखावाटी - मारवाड़ - ढूंढांड अंचल को चेतना सम्पन्न बना दिया।

इसी परम्परा को आगे बढ़ाते हुए स्वामी खींवादास जी महाराज ने और भी स्कूल खुलवाएँ। स्वामी ओमदास जी महाराज बताते हैं कि एक बार सीकर-जोधपुर मार्ग पर जहाँ से सांगलिया ग्राम की तरफ रास्ता घूमता था वहाँ की छोटी सी नाडी "बामणी तलाई" में पाठशाला खोलने के लिये यहाँ के परिक्षेत्र के लोगों से सहयोग लेकर पाठशाला खोली तो जन समुदाय की भावना को देखकर अनायास ही यह कह बैठे...

"बोलो स्कूल खोले या कॉलेज।"

तब लोगों ने कहा...

"बाबाजी आपकी इच्छा कॉलेज की है तो यही खोल दीजिए बड़ी जरूरत है बेटियों के भी भाग्य खुल जाएँगे वो भी आगे की पढ़ाई कर पायेगी।"

तो बाबाजी ने कहा कि.... "स्कूल तो खूब खुल गये अब तो

यहाँ बड़ा सा कॉलेज ही खोल दे।"

तीस साल पहले सीकर से डीडवाना के बीच जो करीब 100 किलोमीटर दूरी हुआ करती थी इसमें कोई महाविद्यालय नहीं हुआ करता था तब बालिका शिक्षा और गरीब तबके के बच्चों के लिये उच्च शिक्षा को समर्पित यह महाविद्यालय वाकई संजीवनी बूटी की भाँति साबित हुआ।

आज यह महाविद्यालय करीब 2500 विद्यार्थी क्षमता के साथ कला, वाणिज्य, विज्ञान संकाय के विविध विषयों में स्नातकोत्तर कार्यक्रम संचालित करवा रहा है वहीं NCC, NSS के जरिये शिक्षा के साथ राष्ट्र प्रेम व समाज सेवा के पैमाने गढ़े जा रहे हैं तथा एथलीट प्रतियोगिताओं में विश्वविद्यालय स्तरीय तथा राज्य स्तरीय प्रतियोगिताओं में उल्लेखनीय प्रदर्शन कर रहे हैं।

साथ ही समय-समय पर कैरियर काउन्सलिंग व मोटीवेशनल सेमीनार के साथ अखिल भारतीय सांगलिया पीठ के पीठाधीश्वर संत स्वामी ओमदास जी महाराज द्वारा अध्यात्म और नैतिकता के संबंध में संवाद कार्यक्रम किये जाते हैं उसी का परिणाम है कि यहाँ से निकले विद्यार्थी समाज के विविध स्तरों पर कीर्तिमान स्थापित कर रहे हैं।

जब अखिल भारतीय सांगलिया पीठ में लक्खी मेला भरता है तब महाविद्यालय के सैकड़ों विद्यार्थी इस मेले में सेवा सुश्रुषा के वो पैमाने गढ़ते हैं जो शायद अन्य कहीं नजर नहीं आये। यह वो नैतिकता और अध्यात्म की बूटी है जो सामान्य से बालक को जिम्मेदार नागरिक के रूप में तैयार कर समाज सेवा के लिये भेजती है।

इको फ्रेंडली कैंपस में यह संचालित यह दो मंजिला महाविद्यालय भवन जो नैतिक, आध्यात्मिक, बौद्धिक तथा भौतिक ज्ञान के साथ चहुमुखी विकास की गारंटी देता है। इस महाविद्यालय में दीन-हीन विद्यार्थियों के लिये प्रतिवर्ष महाविद्यालय इस्ट द्वारा विशेष आर्थिक संबल दिया जाता है ताकि कोई भी किन्हीं अभावों के चलते पढ़ाई से वंचित न हो।

स्वामी ओमदास जी महाराज की मानना है कि किसी के व्यक्तित्व में बड़ा बदलाव करना है यानी उसके चरित्र से लेकर चेतना में बदलाव करना है तो शिक्षा पर विशेष ध्यान देना होगा। शिक्षा का वो स्वरूप जो किसी बच्चे की मौलिकता और सृजनशीलता पर केन्द्रित हो और समय काल परिस्थिति के अनुसार एक समायोजित व सम्पूर्ण व्यक्तित्व का गठन कर पाने में सक्षम हो तो ऐसे में उस व्यक्ति की क्षमता और योग्यता को विस्तार देते हुए बड़े बदलाव संभव है।

॥ जय साहेब की ॥

20

बदलाव कानूनी सीमाओं में ही हो

जब से मनुष्य ने सामाजिक व्यवस्था का गठन किया है तब से ही वह सामाजिक नियम कायदों में रहकर व्यवस्था का हिस्सा बनकर इसको विस्तार दिया है। वैसे सभ्यता की मूल में वो नियम कायदे है जिनका पालन करना न केवल सभ्यता का हिस्सा होना बतलाता है बल्कि सभ्यता का संवाहक होकर उसका संरक्षक और संवर्धक होना भी बतलाता है। यदि कोई व्यक्ति सामाजिक व्यवस्था को नियमों और कायदों का पालन न हो तो वह बर्बर कहलाएगा ऐसे मनुष्य सामाजिक व्यवस्थाओं द्वारा कभी भी स्वीकार नहीं किये गये हैं। इन्हें अलग-अलग कालखंड की व्यवस्थाओं ने विभिन्न नियमों कायदों के द्वारा दंडित किया गया है।

प्राचीन काल में जब कबीलाई समान था तो यह दंड निधारण कबीलाई सरदार द्वारा किया जाता था में फिर वैदिक युग में सभा समिति जैसे तात्कालिक नियोजनकारी संस्थाओं द्वारा दंड निर्धारण

किया जाता था तो उसके पश्चात महाजनपद काल व राजपूत काल में भी कमो-बेश यही व्यवस्थाएँ हुआ करती थी।

मुगल काल में दंड विषयक और कानूनी प्रावधानों वाली व्यवस्थाओं में विदेशी न्याय-व्यवस्था का असर दिखाई दिया जो काफी कठोर भी रहा लेकिन सत्ता ही होती है जब उसका सबसे कठोर स्वरूप औरंगजेब के समय दिखाई दिया इस समय भारतीय संस्कृति के घोतक मंदिर और अन्य धार्मिक स्थलों को नुकसान पहुँचाया गया। साथ ही धार्मिक व्यवस्थाएँ व्यक्ति के जीवन पर थोपते हुए धर्मान्तरण के लिये मजबूर किया गया। उसका परिणाम आज भी व्यापक स्तर पर नजर आता है।

अंग्रेजी हुकूमत ने भी के करीब 190 साल के अपने शासन काल में अपनी शासन की सुविधा के अनुरूप ही व्यवस्थाएँ तय की। कानून कायदे अपने मन मुताबिक़ बनाये जैसे मोटर गाड़ी से कुचल कर मरने पर दुर्घटना माना गया तो लाठी से पीटने से मरने पर हत्या मानी गयी यहाँ मन-मुताबिक शब्द पर गौर करे तो पाते हैं कि उस समय गाड़ी अंग्रेजों या अंग्रेजों से ताल्लुक रखते भारतीय उच्च वर्ग के पास ही हुआ करती थी लिहाज कानून भी उनके हितो को साधता हुआ करता था। इसके विपरीत लाठी आम आदमी की सुरक्षा का सहारा था उससे आत्म-सुरक्षा में या अन्य कारण से मृत्यु हो जाने पर हत्या का मामला बनता था जो यह बतलाता था कि किसी अंग्रेज का प्रतिरोध कोई भारतीय कर ही न पाये। ऐसे ही सैकड़ों कानून थे जो शायद उस समय की अंग्रेजी शासन व्यवस्था का हिस्सा हुआ करता था लेकिन जब भारत आजाद हुआ तो कुछ व्यवस्थाएँ भारतीय कानूनविदों द्वारा अपनी सुविधा के अनुसार बनाई तो वहीं कुछ व्यवस्थाएँ हूबहू रख दी गयी जैसे भारतीय शासन अधिनियम 1935 के स्थान पर नया संविधान आया तो IPC-1861 हूबहू रख

   बदलाव- चरित्र से लेकर चेतना तक

दिया गया।

फिर लोकतांत्रिक व्यवस्था ने अंगड़ाई ली तो स्वयं के द्वारा बनाये गये संविधान को जो कि सैकड़ों कानूनविदों , राष्ट्रवादी नेताओं के द्वारा तय किया गया था, संसद द्वारा विगत 75 सालों में 105 बदलावों के साथ बदलती हुई व्यवस्था के साथ अपडेट किया गया। इसी तरह IPC-1860 और CrPC-1861 को हूबहू रखा गया लेकिन विगत वर्ष ही इससे बदलाव करते हुए अप्रासंगिक कानूनों को हटाया या संशोधित किया गया जो 1 जुलाई 2024 से लागू हो गया। यानी कानूनी व्यवस्था में भी संविधान निर्माण के साथ ही बदलाव किये जाने थे अप्रासंगिक कानूनों की चपेट में अनेकों लोगों को ग़लत दंड मिला तो वहीं अनेकों अपराधी बच भी गये। लेकिन अब सुधार हुआ तो भी ठीक है देर आये दुरस्त आये।

वैसे किसी व्यवस्था को और अधिक प्रभावी बनाने या बनाये रखने के लिये उसे अपडेट होते रहना जरूरी है। एप्पल कंपनी ने करीब 15-16 साल पहले आई फ़ोन जारी किया जिसे करीब 16-17 बार बदलाव करते हुए अपेडेटेशन काम जारी किया तभी वह टिकी हुई है अन्यथा उसके साथ की नोकिया कंपनी बाजार से बाहर सी हो गयी। ठीक इन्हीं सिद्धांतों में सहारे ही ओटोमाबाइल और इलेक्ट्रिक इन्डस्ट्री चला करती है।

इसलिए व्यवस्था को बेहतर बनाये रखने के लिये कानूनों-नियमों आदि का लगातार अपडेटेशन किया जाना चाहिए।

स्वामी ओमदास जी महाराज भी हमेशा इस तरीके के बदलावों के पक्षधर रहे हैं स्वयं उच्च शिक्षित होने के चलते नियम-कायदों और संवैधानिक प्रावधानों के भीतर रहते हुए आध्यात्मिक और

नैतिक आधार पर व्यक्तिगत से लेकर सामाजिक बदलाव की पैरवी करते नजर आते हैं।

आपने संवैधानिक मूल्यों को आमजन तक पहुँचाने के लिये विभिन्न विचार गोष्ठियाँ तथा इससे बड़े आयोजक जन चेतना कार्यक्रम आयोजित करवाएँ। शेखावाटी व मारवाड़ के आधा दर्जन जिलों से आपने इस जन चेतना कार्यक्रम के जरिये लोगों गे कानून कायदों व संवैधानिक मूल्यों के प्रति संवेदनशीलता भरने की एक सार्थक पहल की है।

निश्चित रूप से युवा वर्ग को तार्किकता के साथ वैधानिक व्यवस्था को न केवल समझना चाहिए बल्कि उन्हें आत्मसात भी करना चाहिए साथ ही आवश्यक बदलाव के लिये सत्ता तक बात भी पहुँचानी चाहिए।

"साहेब, तेरी साहेबी, सब घट रही समाय।
ज्यों मेंहदी के पान में, लाली लखी नहीं जाय॥"

॥ जय साहेब की॥

क्रमशः ...

अगले अंक में...